Deutsch mit Olli 1

Fibel
Arbeitsheft
LEICHT | BASIS
mit Grundschrift-Lehrgang
Teil A

erarbeitet von
Silke Bergmann
Diana Feldmeier
Sabine Pfitzner-Kierzek
Kati Steinecke
Gabriele Stoll
Stefanie Stroh
Anja Tiedje
Annett Zilger

mit Illustrationen von
Manuela Ostadal
Petra Eimer (Papageien)

 Deine interaktiven Gratis-Übungen findest du hier:

1. Gehe auf scook.de.
2. Gib den unten stehenden Zugangscode in die Box ein.
3. Hab viel Spaß mit deinen Gratis-Übungen.

Dein Zugangscode auf
www.scook.de | aanh6-ycsu4

Cornelsen

Alle malen Esel.   Alle malen Enten.

zu FS 24/25 – **oben** Formübung e: graue Sonnenlinien wie vorgegeben nachspuren bzw. ergänzen – weißes e mit mehreren Farben nachspuren – graue e einmal nachspuren – Feld mit weiteren e füllen – Schreibansatzpunkt und Richtungspfeile beachten
Mitte alle grauen Vorgaben nachspuren und Restzeilen entsprechend füllen
unten *optional*: Sätze auf Ollis Zetteln erlesen und ins Heft abschreiben (auf richtige Positionierung innerhalb der Lineatur achten)

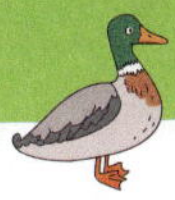

E e

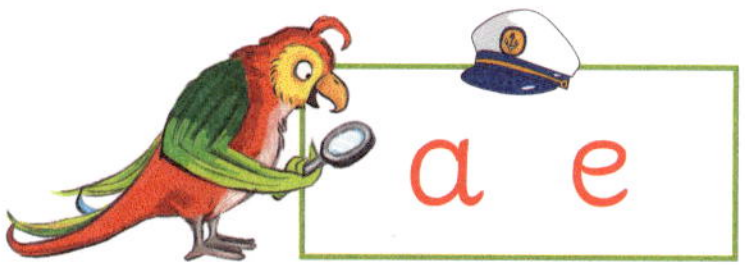

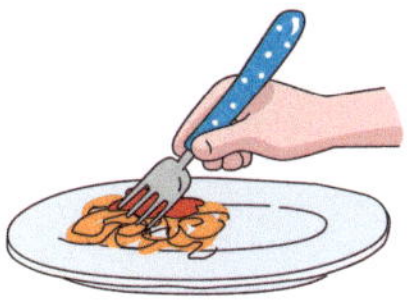

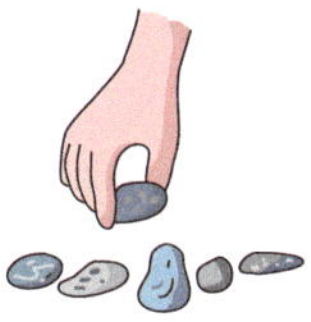

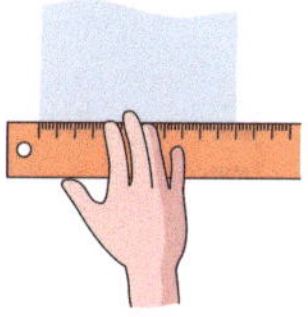

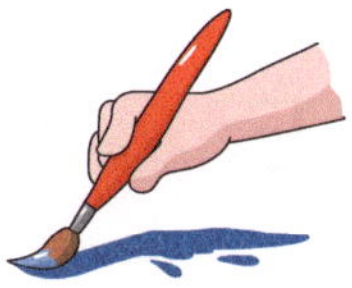

E e

1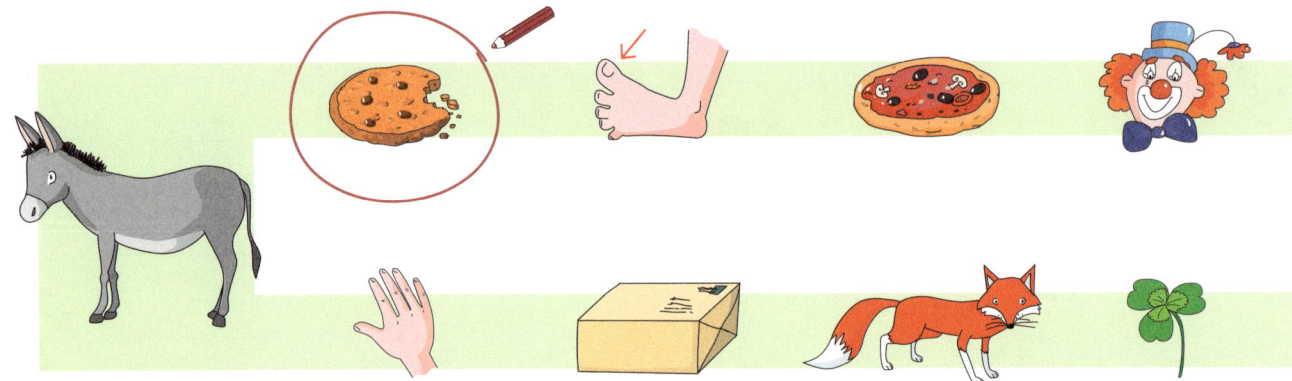

2

See
Mee
Tee

Linela
Lineal
Nilena

Salima
Misali
Salami

3

Emil malt.
Emil malt Salami.
Emil malt Oma Alma.
Emil malt mit Ela.

E e

4

sammeln   messen   malen   essen

sammeln

5

Alle malen mit — Tinte. ⊗ / Tomaten. ○

Alle essen — Nasen. ○ / Salat. ○

Milo sammelt tolle — Namen. ○ / Sonnen. ○

Tante Anne ist — nass. ○ / nett. ○

E e

6

| ne | te | ne | te | ne | te |

Tanne  — Lis

Ton  — Tas

Son  — Tin

7

Insel Esel Ente

1. 2. 3. 4.

Insel

zu FS 24/25 – 6. Einzelsilben im Kasten erlesen – abgebildete Begriffe benennen – Anfangssilbe zu jedem Begriff erlesen, nachspuren und mit einer passenden Endsilbe aus dem Kasten ergänzen (genutzte Endsilbe im Kasten ausstreichen) – Silben sprechschwingen, Silbenkapitäne rot einkreisen und Silbenbögen setzen
7. Einführung Abschreibtechnik „LeMeSchKo": Wörter im Kasten erlesen und zu den passenden Abbildungen schreiben – Abschreibregeln/-schritte und Symbole dazu kennenlernen: 1. **Le**sen (Brille) → 2. **Me**rken (Glühlampe) → 3. **Sch**reiben (Stift) → 4. **Ko**ntrollieren/**Ko**rrigieren (Lupe) = **LeMeSchKo** (Rettungsring)

W w

zu FS 26/27 – oben Formübung W: grau konturierte Fledermauszähne wie vorgegeben nachspuren – weißes W mit mehreren Farben nachspuren – graue W einmal nachspuren – Feld mit weiteren W füllen – Schreibansatzpunkt und Richtungspfeile beachten – **Mitte** alle grauen Vorgaben nachspuren und Restzeilen entsprechend füllen – **unten** Fragezeichen benennen (ggf. anhand der Fibeltexte wiederholen) – weißes ? mit mehreren Farben nachspuren – graue ? einmal nachspuren – Feld mit weiteren ? füllen – Schreibansatzpunkt und Richtungspfeil beachten

W w

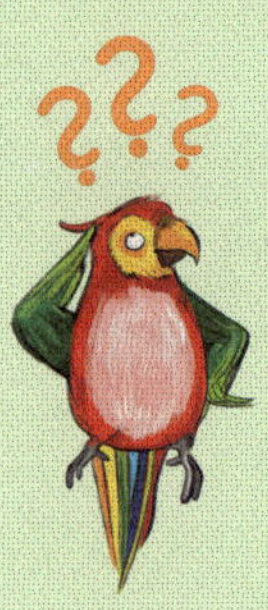

W

W w

wo

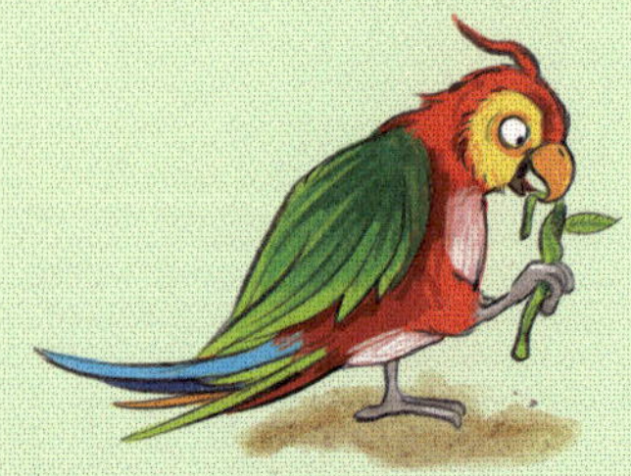

was

etwas

womit

wollen

wissen

Was will Olli?

W w

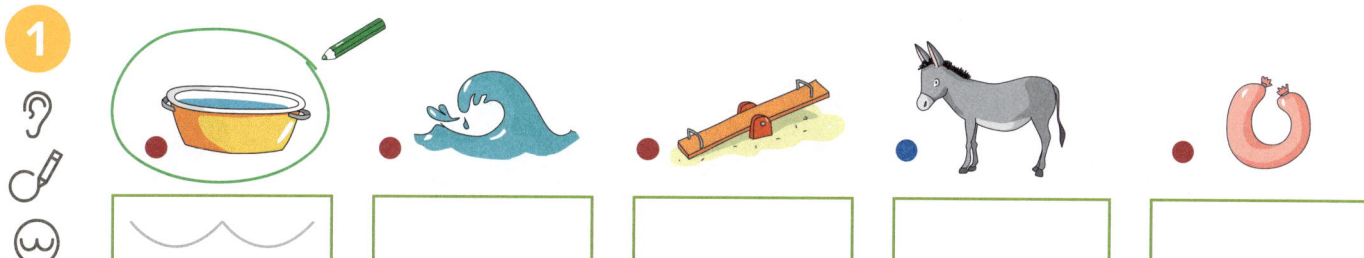

2 5-mal Ⓦ   4-mal ⓦ

ⓦ	T	e	i	Ⓦ	E	t	e	W
L	W	S	w	E	W	n	w	o
m	e	W	a	l	e	w	A	N

3

a e o

W w

1

2

Wal
Wol
Wat

Wenne
Wanne
Nanne

Matto
Witte
Watte

Well
Welt
Melt

3

Tal → al

Welle → Wolle

R r

R R R R

R .... R

Ro Ro

Rose Rose

Ratte Ratte

Roller Roller

zu FS 28/29 – **oben** Formübung R: ausgegraute rechte Spielfigur-Kontur nachspuren –
weißes R mit mehreren Farben nachspuren – graue R einmal nachspuren – Feld mit weiteren R füllen – Schreibansatzpunkte und Richtungspfeile beachten
Mitte alle grauen Vorgaben nachspuren und Restzeilen entsprechend füllen
unten *optional:* Lieblingsbuchstaben/-wörter aufschreiben

Rote Roller rollen.   Wartet Olli am Tor?

R r

1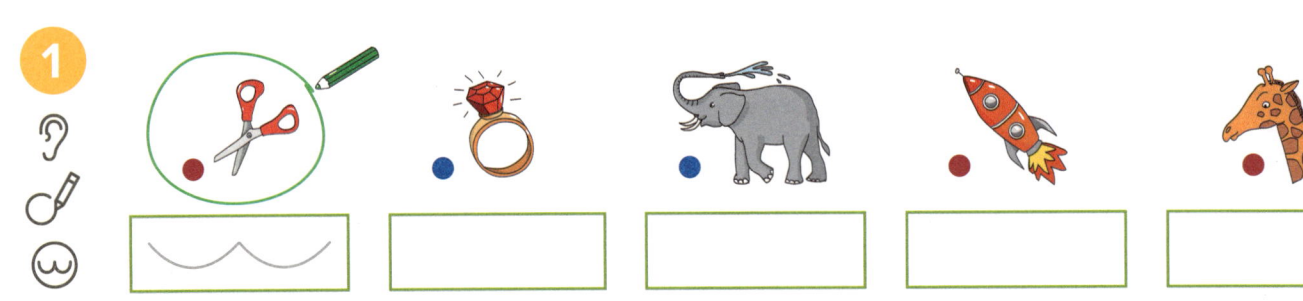

2 6-mal R   6-mal r

W	R	e	r	n	O	r	e	R	L	A
D	r	s	N	R	t	m	i	A	r	R
R	M	W	r	l	e	R	r	N	w	E

3 a e o

- Rose (rose → Rose)
- Ratte
- Messer
- Roller 

zu FS 28/29 – 1. *Lautbild Roller* und abgebildete Begriffe mit Artikel benennen – Begriffe sprechschwingen und Silbenbögen daruntersetzen – Begriffe nach dem /r/-Laut abhören und (grün) einkreisen, wenn er im Wort klingt – 2. große R blau einkreisen (6-mal), kleine r grün einkreisen (6-mal) 3. „Kapitäne" in Ollis Kasten wiederholen – abgebildete Begriffe mit Artikel benennen – Wörter erlesen und nachspuren – Wörter sprechschwingen und „Kapitäne" rot einkreisen – Abbildungen mit dem passenden Wort verbinden

R r

1

2

 Rosi    Wolle
         Rose   Rolle
         Rasen   Roller

 Torte    Retter
         Tante   Messer
         Tinte   Ritter

3

Male rot an.

rote Rose

roter Teller

rotes Messer

R r

4

a e o

~~ten~~ ten ten ~~nen~~ nen len

warten

rennen

ler

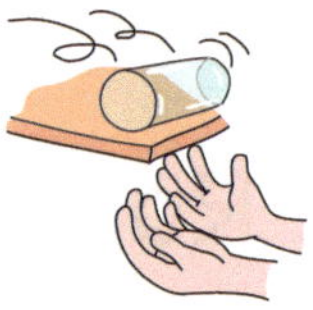

ret

ra

rol

5

Wo wartet Mila?

Was lernt Emil?

Womit rollt Olli?

Wer rast los?

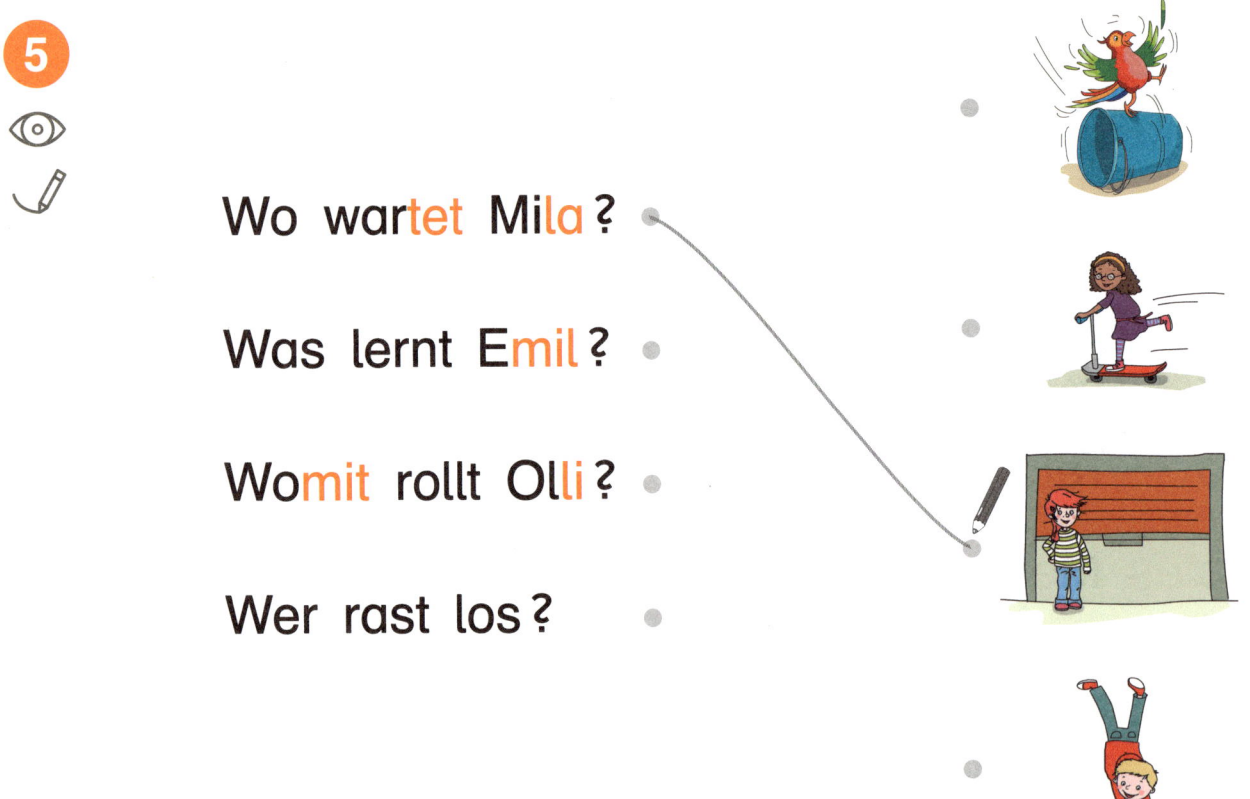

zu FS 28/29 – 4. „Kapitäne" in Ollis Kasten wiederholen – Endsilben im Kasten erlesen – erste Abbildung benennen (Verb *warten*) und Verbindung zur durchgestrichenen Silbe im grünen Kasten erarbeiten. Endsilbe in Lineatur nachspuren – Verb *warten* sprechschwingen, Silbenbögen setzen und „Kapitäne" rot einkreisen – alle weiteren Verben benennen – Anfangssilben nachspuren, restliche Endsilben aus dem Kasten durch Abschreiben zuordnen und jeweils entsprechend markieren – 5. Fragen erlesen und mit der jeweils passenden Abbildung rechts verbinden

D d

zu FS 30/31 – **oben** Formübung D: ausgegraute Fischschuppen wie vorgegeben nachspuren und fehlende ergänzen – weißes D mit mehreren Farben nachspuren – graue D einmal nachspuren – Feld mit weiteren D füllen – Schreibansatzpunkte und Richtungspfeile beachten
Mitte alle grauen Vorgaben nachspuren und Restzeilen entsprechend füllen
unten *optional*: Lieblingsbuchstaben/-wörter aufschreiben

D d

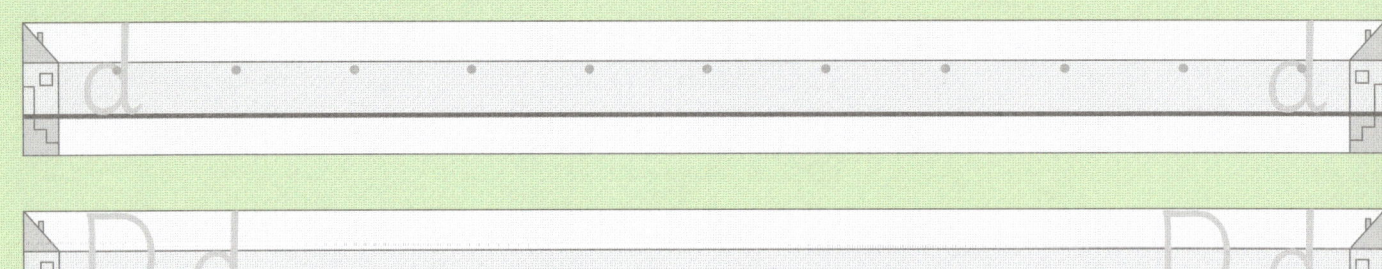

d

D d

das

reden

werden

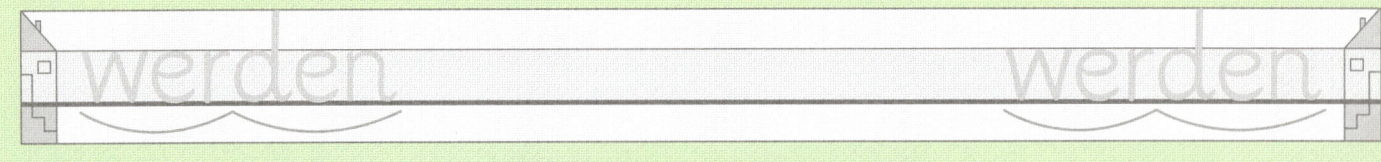

Erde Ende Radio

der da dort damit dann

zu FS 30/31 – oben Formübung d: Ankerbereich innen wie vorgegeben nachzeichnen – weißes d mit mehreren Farben nachspuren – graue d einmal nachspuren – Feld mit weiteren d füllen – Schreibansatzpunkt und Richtungspfeile beachten
Mitte alle grauen Vorgaben nachspuren und Restzeilen entsprechend füllen
unten *optional:* vorgegebene Wörter erlesen und ins Heft abschreiben (auf richtige Positionierung innerhalb der Lineatur achten)

D d

1

 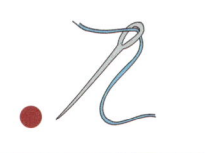   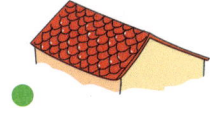

2 5-mal  5-mal

h	d	A	D	O	d	n	d	u	D
D	o	D	M	d	e	d	o	D	N

3

 a e i o

 Dino

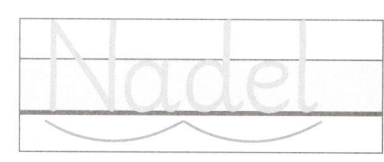 Nadel

 Erde

 Dose

D d

1

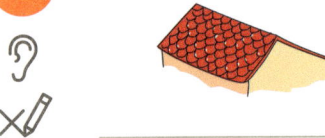 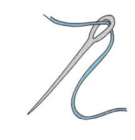  

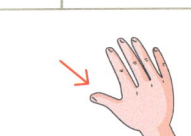  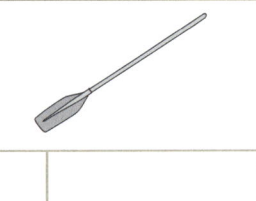 

2

| Mama isst | Erde. ○ |
| | Datteln. ○ |

| Olli landet im | Mond. ○ |
| | Sand. ○ |

| Milo rast mit dem | Roller. ○ |
| | Radio. ○ |

| In der Erde sind | Damen. ○ |
| | Samen. ○ |

3

 sind

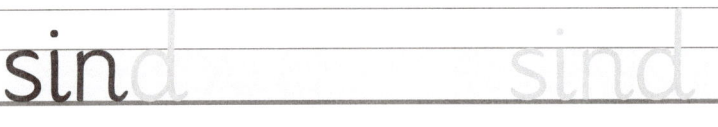

der Mond – 2 Monde
das Rad – 2 ⚫⚫

sin d   sind

4

Ra di o
Radio

Li na
mo de

Do no
mi

Man ne
da ri

5

Dose
Erde   Dame
Dose

reden
melden   radeln

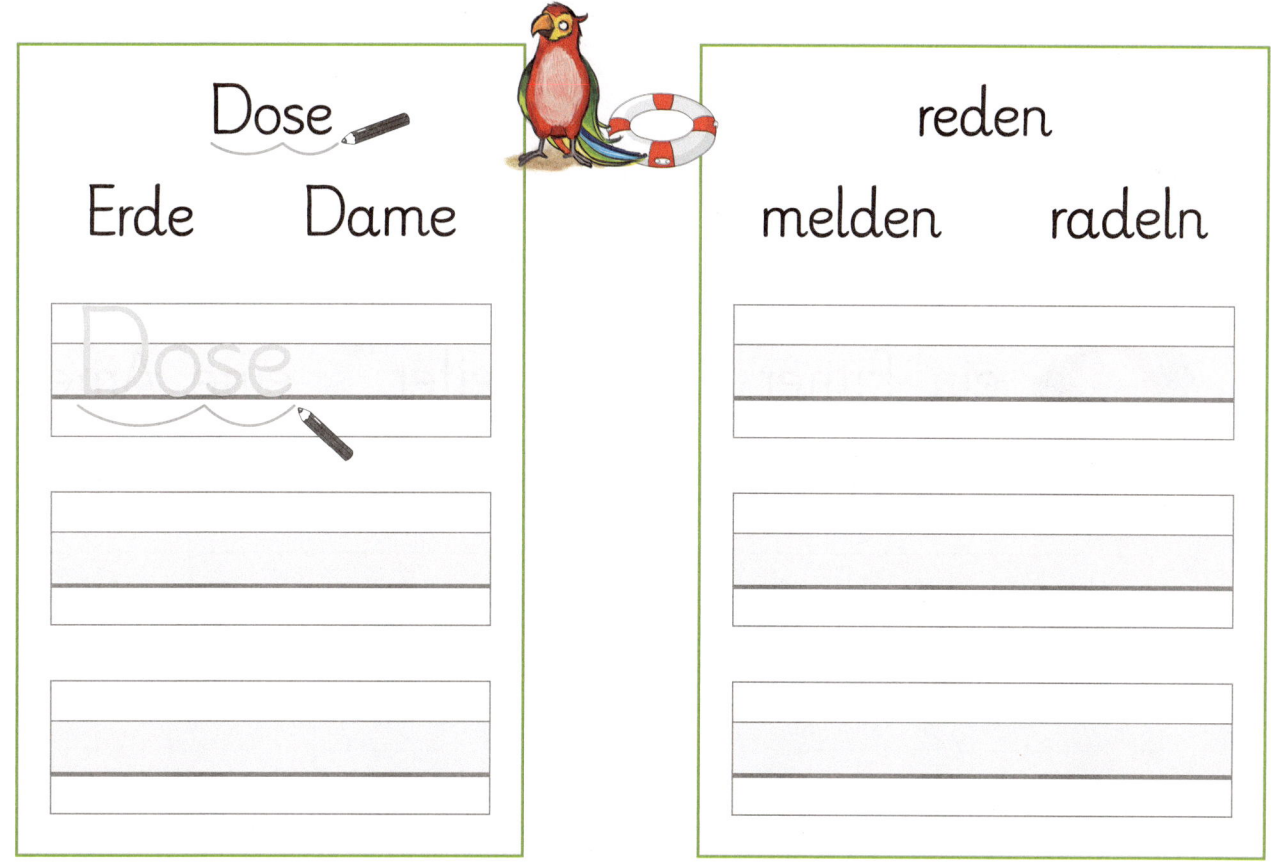

Ei ei

Ei ei Ei Ei ei

Ei ei — — Ei ei

ein — ein

eine — eine

dein — dein

• Eis — Eis

• Leiter — Leiter

ein Eimer   eine Leiter   eine Ameise
ein Seil   ein Eis   eine Reise   ein Ei

ein   Eimer

eine   Leiter

Ei ei

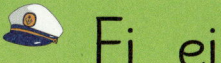

1

2

• ein   • ein

ein Eis

Seil

Wal

Eimer

• eine

eine Leiter

Torte

Ameise

Leine

zu FS 32/33 – 1. *Lautbild Eis* und abgebildete Begriffe mit Artikel benennen – Begriffe sprechschwingen und Silbenbögen daruntersetzen – Begriffe nach dem / ei/-Laut abhören und (rot) einkreisen, wenn er im Wort klingt
2. Begriffe auf dem „Fließband" mit bestimmtem Artikel (Artikelpunkte!) benennen – Zuordnung der bestimmten Artikel zu *ein* (der/das) und *eine* (die) – unbestimmte Artikel in den Kästen ergänzen und Wörter dazu nachspuren – Wörter sprechschwingen und „Kapitäne" rot einkreisen

 # Ei ei

1

 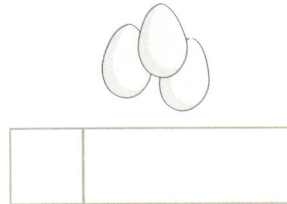   

2 Olli meint:

Mein Roller ist

- ein Eis. ○
- eine Leiter. ○
- ein Eimer. ○

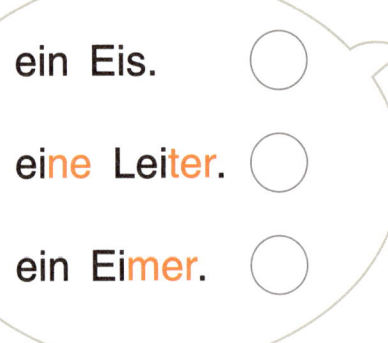 

3

| ein | eine | ein | eine |

eine Leine   Seil

Ameise   Ei

P p

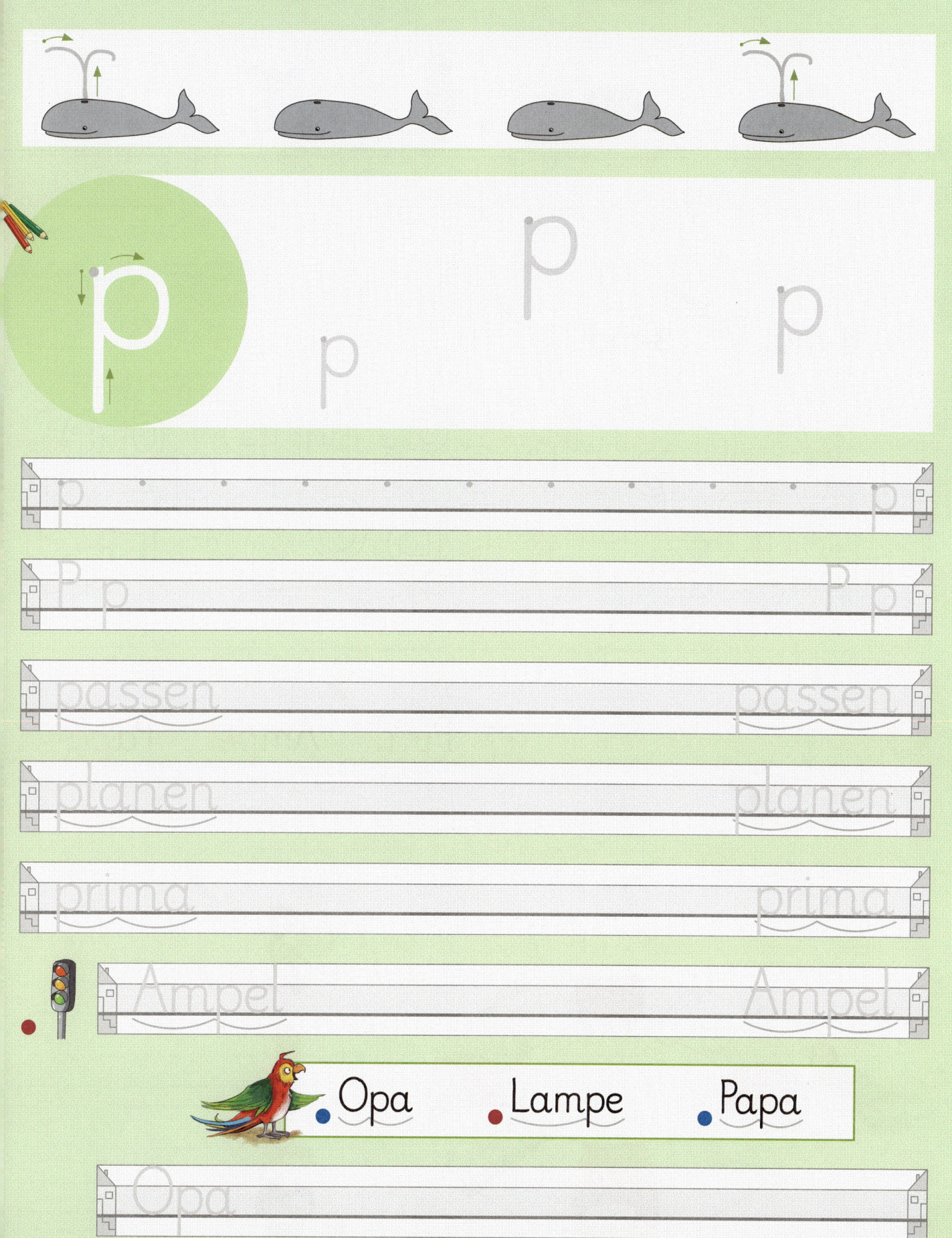

P p

1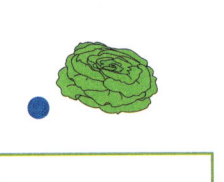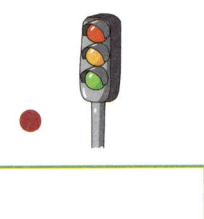

2 4-mal P ✏️ 3-mal p ✏️

A a m a m d e
O a p p e i m P q
M P E U t T P O p n P l

3 Pirat Ampel Papa

1. 👓 2. 💡 3. ✏️ 4. 🔍

zu FS 34/35 – 1. *Lautbild Palme* und abgebildete Begriffe mit Artikel benennen – Begriffe sprechschwingen und Silbenbögen daruntersetzen – Begriffe nach dem /p/-Laut abhören und (grün) einkreisen, wenn er im Wort klingt – **2.** große P blau nachspuren (4-mal), kleine p grün nachspuren (3-mal)
3. Einführung Abschreibtechnik „LeMeSchKo": Wörter im Kasten erlesen und zu den passenden Abbildungen schreiben – Abschreibregeln/-schritte und Symbole dazu kennenlernen: 1. **Le**sen (Brille) → 2. **Me**rken (Glühlampe) → 3. **Sch**reiben (Stift) → 4. **Ko**ntrollieren/**Ko**rrigieren (Lupe) = **LeMeSchKo** (Rettungsring)

30

P p

4 Mit einem Pinsel soll man
- ⭘ einen Piloten testen.
- ⭘ eine Pappe anmalen.
- ⭘ seine Pommes teilen.

Mila soll mit Milo
- ⭘ Pommes mit Pappe essen.
- ⭘ an einer roten Ampel warten.
- ⭘ Papas Post platt trampeln.

---

5 Immer einmal 🎲, einmal 🎲

⚀ Ein Dino passt in	⚀ leere Dosen.
⚁ Ein paar Personen malen	⚁ Piratenpost.
⚂ Opa rettet mit Mila	⚂ rote Ampeln.
⚃ Peter sammelt	⚃ lila Pappeimer.
⚄ Piraten rollen	⚄ ein plattes Rad.
⚅ Olli teilt mit Milo	⚅ drei Pommes.

F f

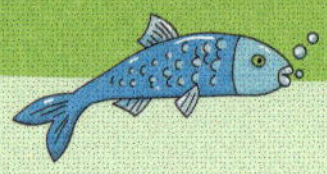

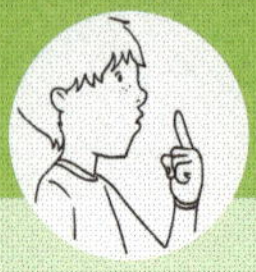

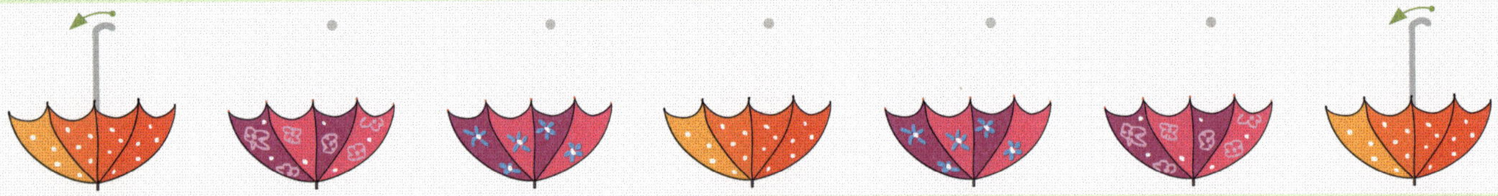

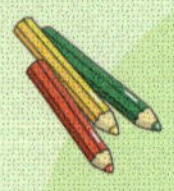

f f f f

f f

F f F f

fein fein

elf elf

finden finden

fallen fallen

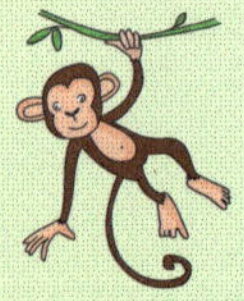

Affe Affe

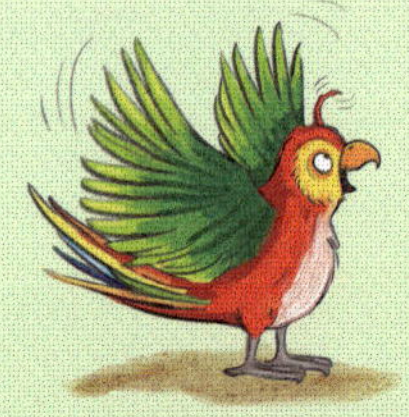

Elf Elfen reimen am Telefon.

zu FS 36/37 – oben Formübung f: „Schirmgriffe" wie vorgegeben nachspuren bzw. ergänzen – weißes f mit mehreren Farben nachspuren – graue f einmal nachspuren – Feld mit weiteren f füllen – Schreibansatzpunkte und Richtungspfeile beachten
Mitte alle grauen Vorgaben nachspuren und Restzeilen entsprechend füllen
unten *optional*: vorgegebenen Satz erlesen und ins Heft abschreiben

F f

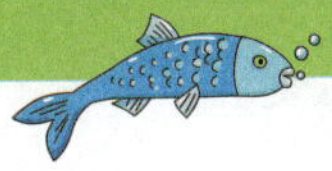

1

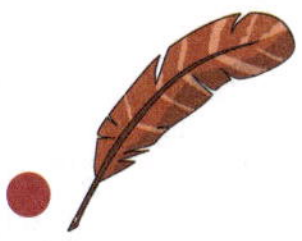

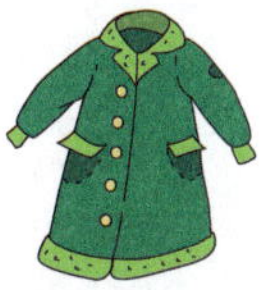

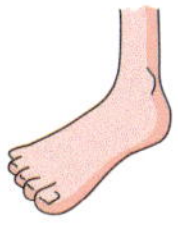

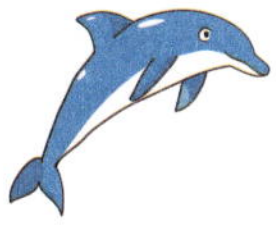

2 4-mal F   5-mal f

L	r	F	T	f	N	F	t	i	F	f	E
d	f	t	L	F	E	l	f	d	o	D	f

3

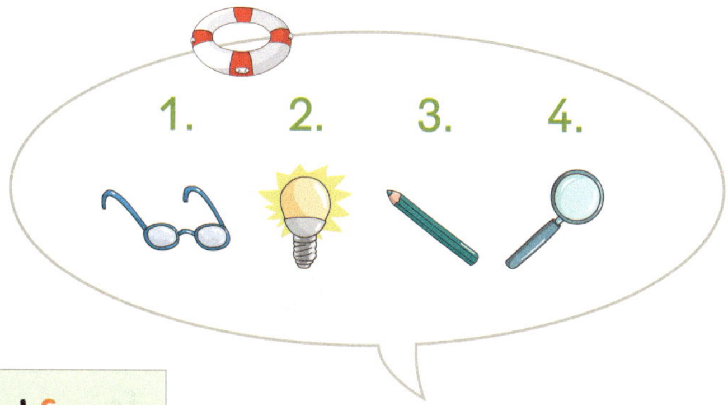

Film   Delfin

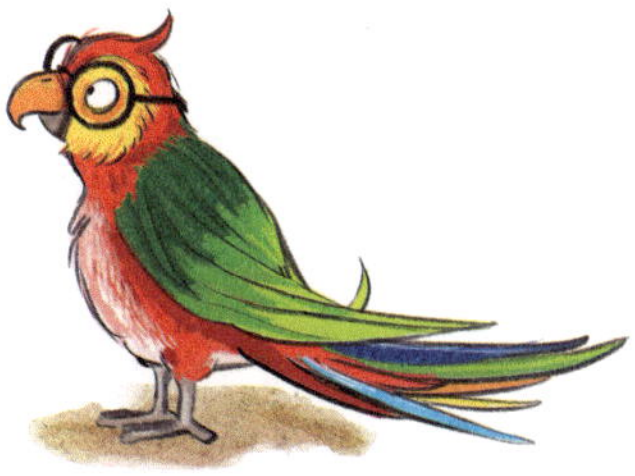

Mila filmt Milo.

F f

1

2

Mila ist mit Milo

am Meer.

Dort filmt Mila

2 lila Delfine.

Milo findet das toll!

3 Was passt?

○ ein rotes Familienrollo

○ ein tolles Familienfoto

○ ein leeres Familientoto

○ ein Sommerfist filmen

○ ein Semmerfost filmen

○ ein Sommerfest filmen

zu FS 36/37 – 1. *Lautbild Fisch* und abgebildete Begriffe benennen – Begriffe danach abhören, ob der /f/-Laut am Wortanfang oder später im Wort klingt
2. Text erlesen und s/w-Abbildung nach Textvorgabe ergänzen
3. ähnliche Satzfragmente erlesen und das jeweils zur Abbildung passende Satzfragment ankreuzen

U u

U

Un

Um

Umwelt

Unsinn

Unfall

Ufo

♥

zu FS 38/39 – oben Formübung U: graue „Pilzstiele" in Pfeilrichtung nachspuren und fehlende ergänzen –
weißes U mit mehreren Farben nachspuren – graue U einmal nachspuren – Feld mit weiteren U füllen – Schreibansatzpunkt und Richtungspfeil beachten
Mitte alle grauen Vorgaben nachspuren und Restzeilen entsprechend füllen
unten optional: Lieblingsbuchstaben/-wörter aufschreiben

tun turnen summen

zu FS 38/39 – **oben** Formübung u: ausgegraute „Dachschindeln" in Pfeilrichtung nachspuren und fehlende ergänzen – weißes u mit mehreren Farben nachspuren – graue u einmal nachspuren – Feld mit weiteren u füllen – Schreibansatzpunkt und Richtungspfeile beachten
Mitte alle grauen Vorgaben nachspuren und Restzeilen entsprechend füllen
unten Wörter aus dem Kasten erlesen und richtig abschreiben

U u

1

2

3

Mutter ruft den Pudel.

Mutter meldet den Unfall.

Mila umarmt eine Puppe.

 **U u**

1

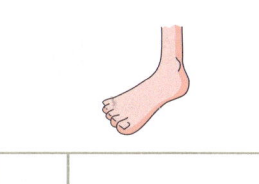   

2

Das Meer ist ein Wunder der Natur.

Unter Wasser ist es fast immer leise.

Nur ein rotes U-Boot summt dort.

Drei Delfine pusten Luft ins Wasser.

3

Le	Ru		Sup	Pup
Ruder			pe	

Pu	Nu		Na	Nu
del			del	

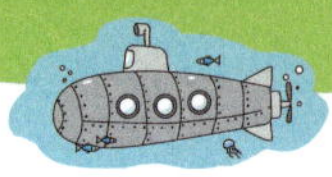
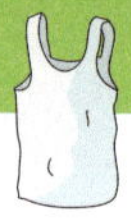
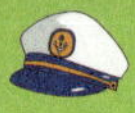

U u

4

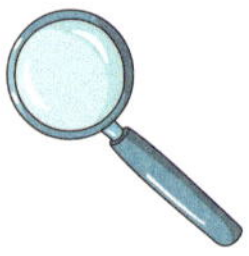

u L p e

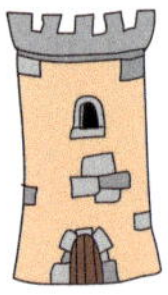

T r u m

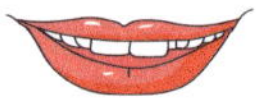

u d M n

5

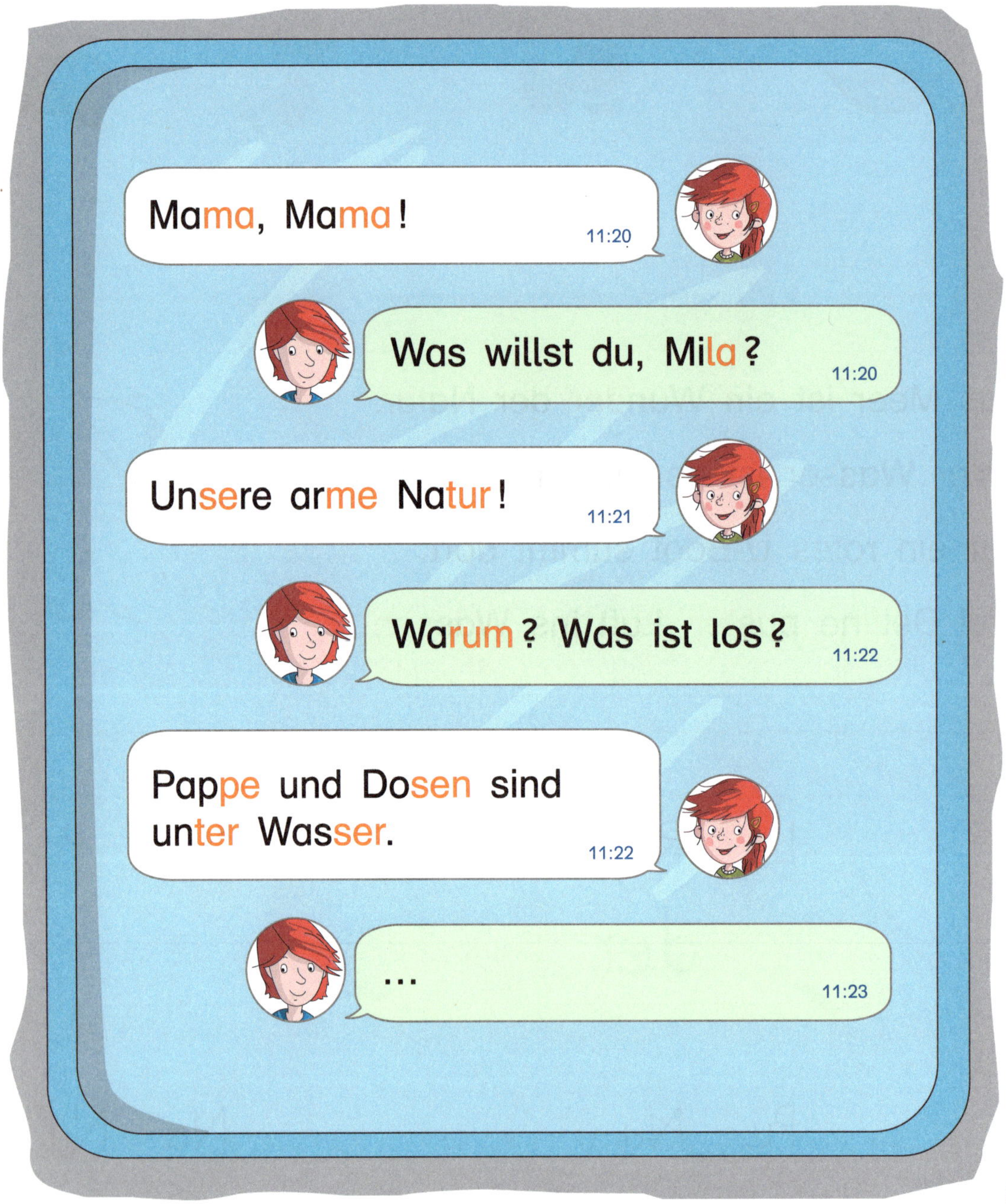

Mama, Mama! 11:20

Was willst du, Mila? 11:20

Unsere arme Natur! 11:21

Warum? Was ist los? 11:22

Pappe und Dosen sind unter Wasser. 11:22

... 11:23

Was reden Mila und Mama weiter?

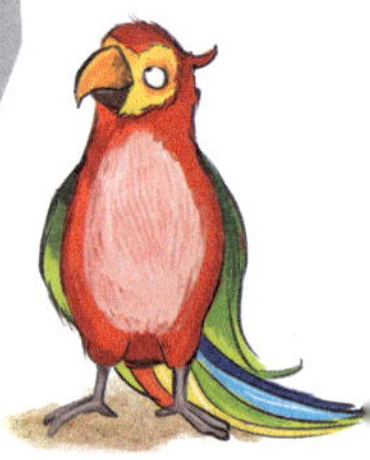

zu FS 38/39 – 4. „Würfelwörter“: Begriff benennen – Einzelbuchstaben erlesen und in der richtigen Reihenfolge miteinander verbinden – Wort in die Zeile zum Bild schreiben
5. Partnerlesen: Rollen (*Mila, Mama*) verteilen und Display-Text mehrfach (auch mit vertauschten Rollen) lesen – Zusatzfrage erlesen und sich darüber austauschen (Fibelseite 38/39 hinzuziehen)

H h

zu FS 42/43 – **oben** Formübung H: weiße Linien des Teppichmusters nachspuren – weißes H mit mehreren Farben nachspuren – graue H einmal nachspuren – Feld mit weiteren H füllen – Schreibansatzpunkte und Richtungspfeile beachten
Mitte alle grauen Vorgaben nachspuren und Restzeilen entsprechend füllen
unten *optional*: Lieblingsbuchstaben/-wörter aufschreiben

H h

hell

hart

holen

helfen

Nashorn

er hat   er holt   er hilft

Hase   Heft   Himmel

zu FS 42/43 – **oben** Formübung h: graue „Eiskugeln" nachspuren und fehlende ergänzen –
weißes h mit mehreren Farben nachspuren – graue h einmal nachspuren – Feld mit weiteren h füllen – Schreibansatzpunkt und Richtungspfeile beachten
Mitte alle grauen Vorgaben nachspuren und Restzeilen entsprechend füllen
unten *optional*: vorgegebene Verben und Nomen erlesen und ins Heft abschreiben

H h

1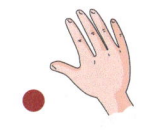

2 Finde 5 **H** und 4 **h**

3

Alle helfen Oma.

Milo malt Hasen ins Heft.

Ela hat einen tollen Hund.

Opa hat einen hellen Hut.

-h

4

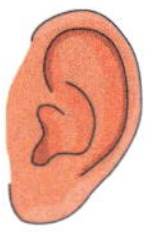

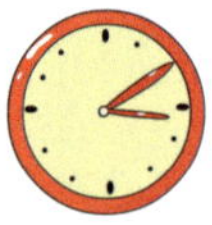

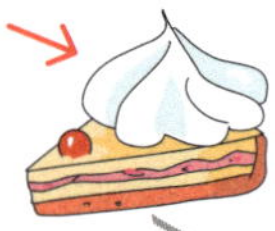

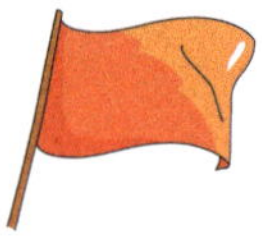

Uhr   Ohr   Fahne   Sahne

5

 oder ?

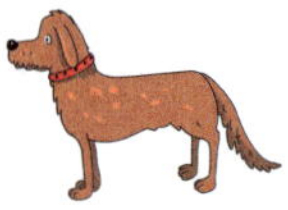

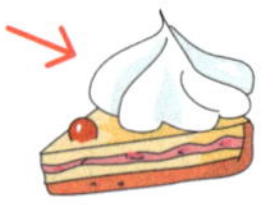

Sahne   Nashorn

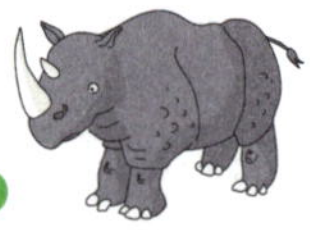

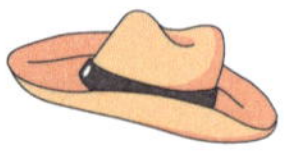

Hut   Fahne

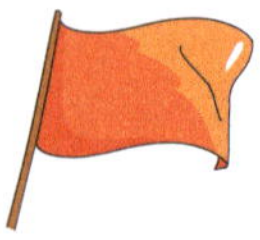

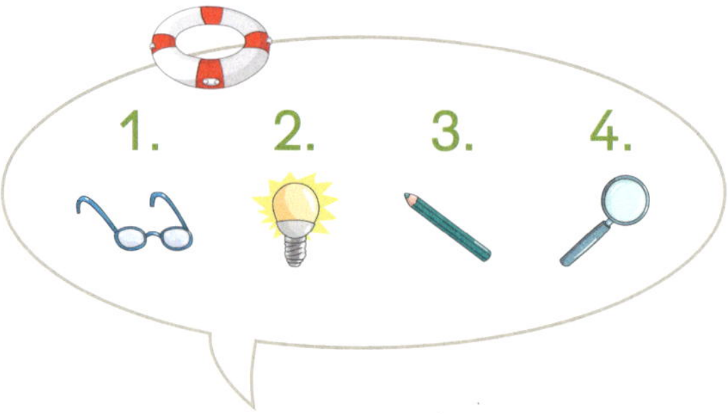

1. 2. 3. 4.

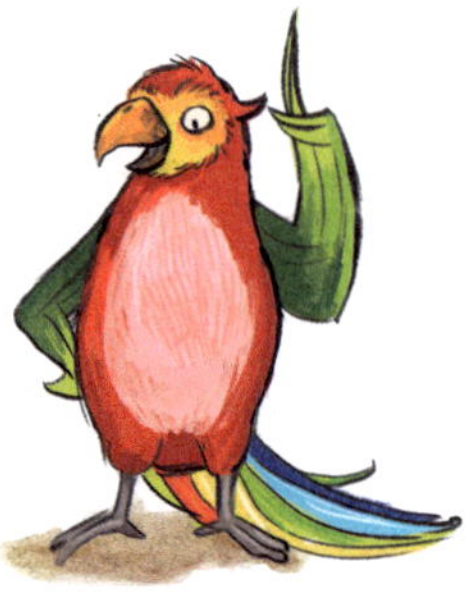

Sahne

H h

1

2

Ein Nashorn hat
- ○ elf Haare unter dem Helm.
- ○ einen fetten Hals.
- ○ immer hundert Arme.

Mit einem Hammer
- ○ will Milo einen Hut falten.
- ○ will Olli Milas Husten heilen.
- ○ soll Mama dem Opa helfen.

3

 H und  h sind immer dort •.

Hamster   Unterhose

Heft   helfen

47

-h

4

Fohlen Fahne Fahrrad Sohle

5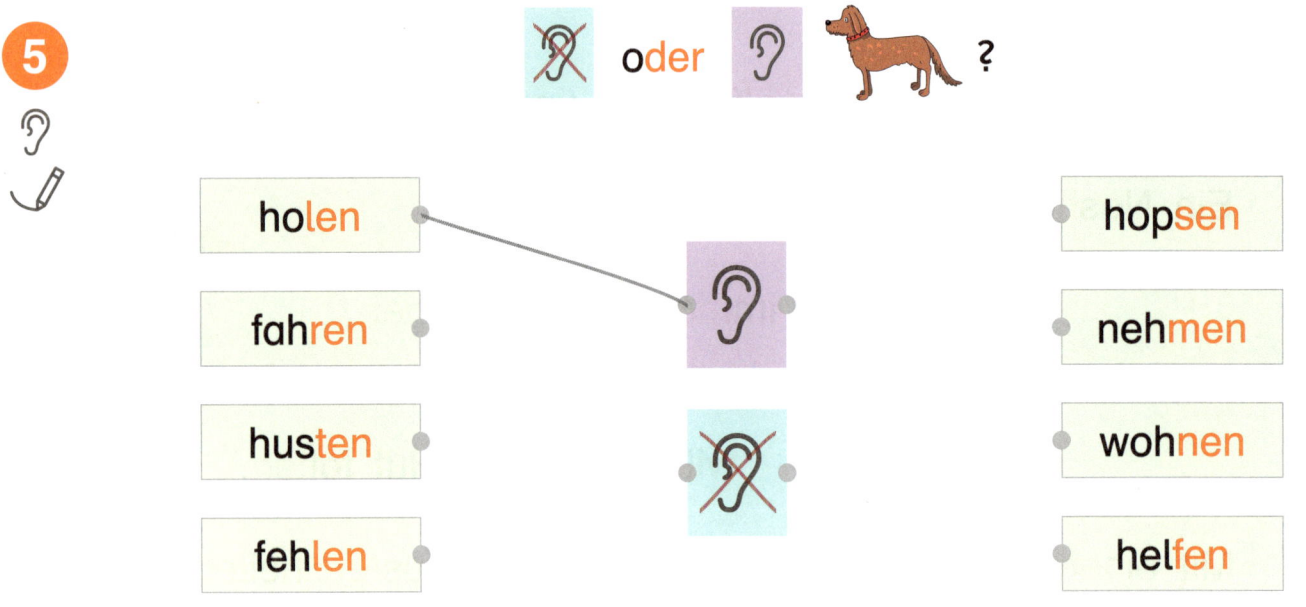

holen — hopsen
fahren — nehmen
husten — wohnen
fehlen — helfen

6 Finde alle 8

Omas Fahrrad lehnt an der Wand.

Ein Reifen ist ohne Luft.

Oma will an den See fahren.

Nun fehlt ihre rote Luftpumpe.

Seht ihr eine Pumpe?

H h   -h

7

fahren   holen   anhalten

nehmen   wohnen   helfen

holen   fahren

8 Immer einmal 🎲, einmal 🎲

- ⚀ Ein Lehrer holt
- ⚁ Ina und Hassan halten
- ⚂ Oma und Opa nehmen
- ⚃ Herr Hof rettet
- ⚄ Das Nashorn frisst
- ⚅ Hamster Helmut hat

- ⚀ rote Federn.
- ⚁ drei Nudeln.
- ⚂ ein Heft.
- ⚃ einen Hut.
- ⚄ einen Hasen.
- ⚅ helles Fell.

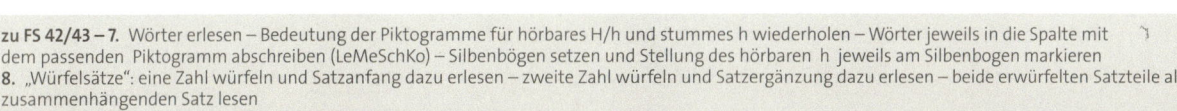

zu FS 42/43 – 7. Wörter erlesen – Bedeutung der Piktogramme für hörbares H/h und stummes h wiederholen – Wörter jeweils in die Spalte mit dem passenden Piktogramm abschreiben (LeMeSchKo) – Silbenbögen setzen und Stellung des hörbaren h jeweils am Silbenbogen markieren
8. „Würfelsätze": eine Zahl würfeln und Satzanfang dazu erlesen – zweite Zahl würfeln und Satzergänzung dazu erlesen – beide erwürfelten Satzteile als zusammenhängenden Satz lesen

 ie

Wiese

ie   ie   ie
  ie   ie   ie

ie

die

hier

diese

wieder

niesen

Papier

Riese

sie   wie   nie   tief   fies

Wiese — ie

1 Finde erst alle ie.

Das ist Milos Hund Fiete.

Fiete trifft 2 Tiere in der Wiese.

Male diese Tiere in die Wiese.

2

der oder die oder das

ie

W**ie**se

1 Finde erst alle (ie).

Lies. Ein Wort muss immer fort. Finde es.

Was ~~wo~~ ist mit Mila und Milo passiert?

Alle April rufen Mila und Milo immer wieder.

Fiete will warm Mila und Milo finden.

Sie rufen: „Fiete, wir sind Hamster hier!"

---

2 der oder die oder das ?

Flieder   Papier   Wiese   Riese   Lied

der Flieder

Das sind Nomen.

der Flieder   das Papier   die Wiese   der Riese   das Lied

Wiese — ie

3

T _ _ _ r _ _ _ ie _ _ _ e

L _ _ _ ie _ _ _ d

R _ _ _ ie _ _ _ s _ _ _ e

4

Hier liest Mila im Winter. ○

Hier niest Mila im Wasser. ○

Hier friert Milo im Sommer. ○

Findest du das Fliesentier? ○

Findest du das Riesentier? ○

Findest du das Wiesenlied? ○

5 das Riesenpapiertier

---

zu FS 44/45 – 3. „Würfelwörter": Begriff benennen – Einzelbuchstaben erlesen und in der richtigen Reihenfolge miteinander verbinden – Wort in die Zeile zum Bild schreiben
4. Auswahlsätze erlesen – Abbildung betrachten – zum Bild passenden Satz mit der Abbildung verbinden – Lösungssatz darunter abschreiben (LeMeSchKo)
5. langes Wort mit Artikel erlesen und richtig abschreiben (LeMeSchKo)

B b

zu FS 46/47 – **oben** Formübung B: Kontur der Schmetterlingsflügel auf der rechten Seite nachspuren – weißes B mit mehreren Farben nachspuren – graue B einmal nachspuren – Feld mit weiteren B füllen – Schreibansatzpunkte und Richtungspfeile beachten
Mitte alle grauen Vorgaben nachspuren und Restzeilen entsprechend füllen
unten optional: Lieblingsbuchstaben/-wörter aufschreiben

B b

1

2 Lies und male.

Ben und Fiete toben im Hof.
Fiete bellt seinen bunten Ball an.

Neben Ben ist eine Banane.

3 ein Biber   ein Ball   eine Banane

 ein Ball   

zu FS 46/47 – 1. *Lautbild Boot* und abgebildete Begriffe mit Artikel benennen – Begriffe sprechschwingen und Silbenbögen daruntersetzen – Begriffe nach dem /b/-Laut abhören und (grün) einkreisen, wenn er im Wort klingt
2. Einführung „Lese-Mal-Aufgabe": Text erlesen und Abbildung betrachten – Abbildung nach Textvorgabe ergänzen
3. Wörter im Kasten erlesen – abgebildete Begriffe benennen und das jeweils passende Wort mit unbestimmtem Artikel danebenschreiben (LeMeSchKo)

57

B b

1

2 Lies. Was muss fort?

Ben hat ei~~ne~~ tol~~le~~ ~~liebe~~ Bril~~le~~.

Mit der Bir~~ne~~ Bril~~le~~ sieht er bes~~ser~~.

Ben sieht, was bis Mi~~lo~~ malt.

Mi~~lo~~ bit~~tet~~ malt ein bun~~tes~~ Boot.

3

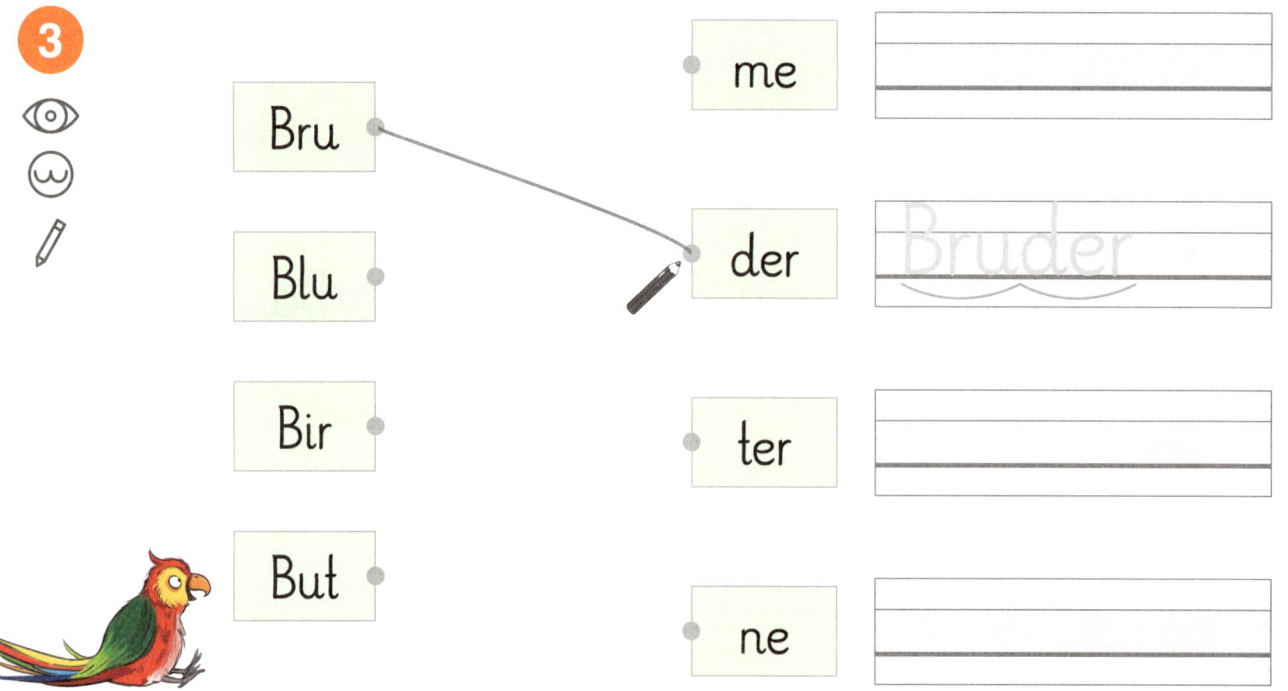

zu FS 46/47 – 1. *Lautbild Boot* und abgebildete Begriffe benennen – Begriffe danach abhören, ob der /b/-Laut am Wortanfang oder später im Wort klingt
2. „Stolperwörter": Sätze einzeln erlesen – nicht in den Satz passendes Wort ermitteln und rot durchkreuzen
3. Anfangs- und Endsilben erlesen – zu jeder Anfangssilbe die richtige Endsilbe finden und beide miteinander verbinden – das vollständige Wort danebenschreiben

Au au

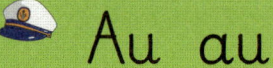

Au au

au   Au   Au   au
              au   Au

Au au   Au au

Auto   Auto

Baum   Baum

Maus   Maus

aus   aus

laut   laut

blau   blau

laufen   laufen

Auf dem Baum ist eine braune Taube.

Au au

1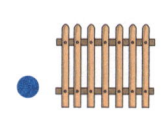

2

Finde erst alle (Au) und (au).

Hier sind drei Autos

und eine Maus.

Male ein Auto blau aus.

Male die Maus braun aus.

3

das Auto   der Baum   die Maus

   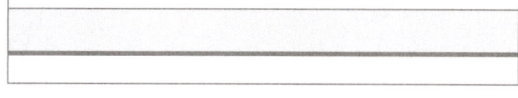

61

Au au

1

  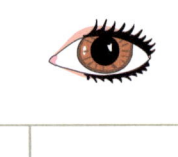 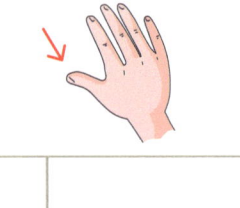

2

Finde erst alle (Au) und (au).

Da ist ein blaues Haus.

Was fehlt auf dem Haus?

Du findest es in der Fibel

auf Seite 48.

Male es dann hier auf das Haus.

3

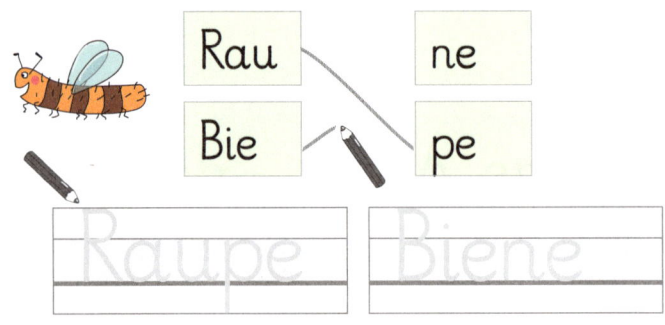

Raupe   Biene

   En   se
           Ha   te

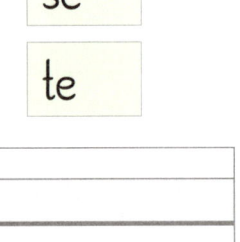

   Tau   sel
                         E   be

4 Taube Raupe Frau

5 Was passt am besten?

sausen   Haut   Traum   laut   bauen

Mila und Milo haben einen _____ Traum _____.

Sie wollen ein blaues Ufo _____.

Damit wollen sie um die Erde _____.

Im All ist es leise und niemals _____.

Olli liebt Polli!

6 Finde alle Reimpaare:

Haus   Traum   Frau   Baum   Sau   Maus

Haus
M

Milch   ch

ch

ch   ch   ch

ch

ich

mich

leicht

riechen

die Milch   das Licht   der Teich

Wel**ches** Wort passt hier?

der

zu FS 50/51 – **oben** *Lautbild Milch* mit ch als Endlaut und abgedrucktes Wort erarbeiten –
„ich-Lautung" abhören und Wörter in den Zeilen erlesen – graue ch einmal nachspuren – Feld mit weiteren ch füllen
Mitte alle grauen Vorgaben nachspuren und Restzeilen entsprechend füllen
unten Wörter im Kasten erlesen – abgebildete Begriffe benennen und die passenden Wörter mit Artikel danebenschreiben – *optional:* Wörter ins Heft schreiben

64

Ch ch

Buch

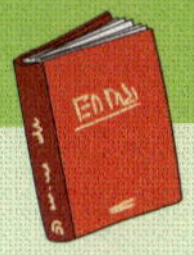

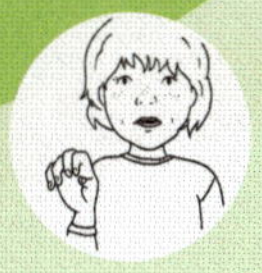

acht

doch

auch

suchen

machen

das Buch   der Bauch   das Dach

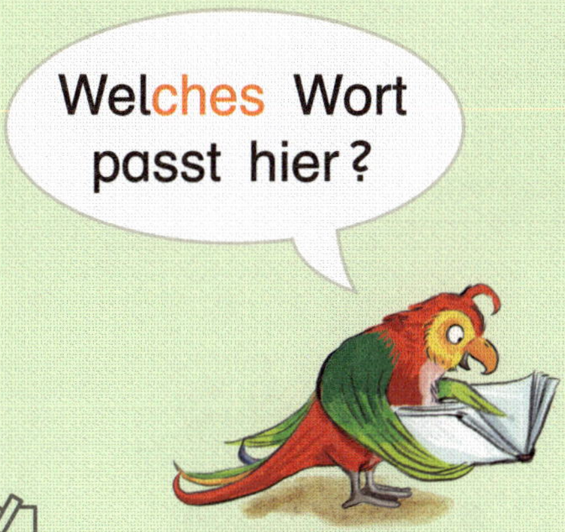

Welches Wort passt hier?

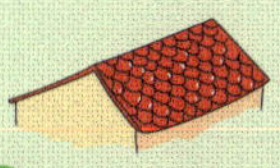

das

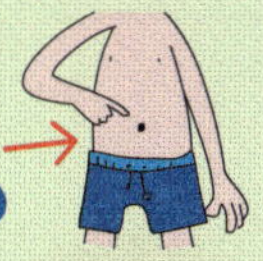

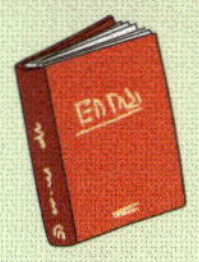

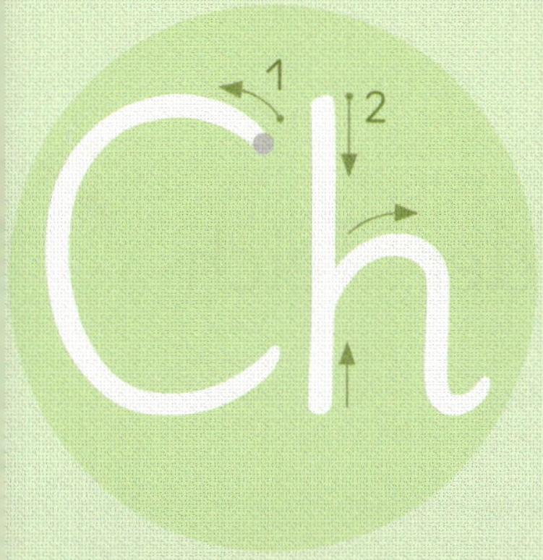

Ein Wort mit Ch findest du nur selten:

Ch

China

 Milch ch

1

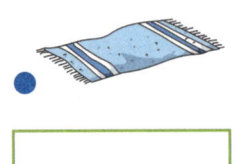    

2 Finde erst 6-mal ch.

Im Teich sind freche Enten.
Ich male sie braun aus.
Rechts male ich
eine weiche Feder.

3

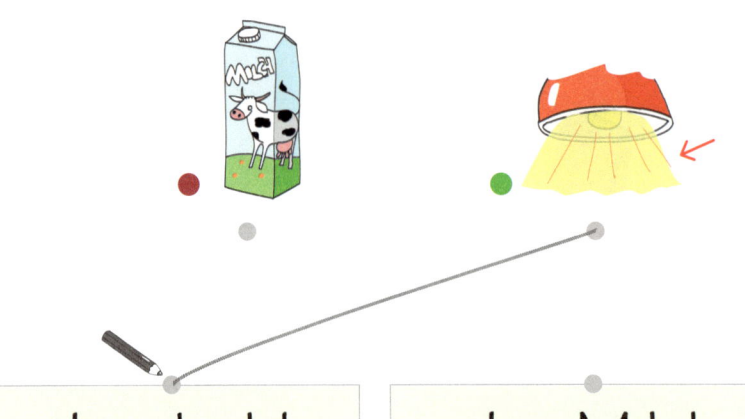 

| das Licht | die Milch | der Teich |

das

ch  Buch

4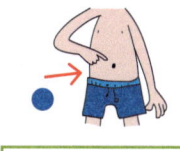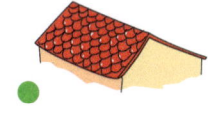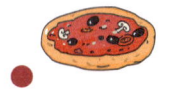

5 Finde erst 6-mal (ch).

Mila sucht nach ihrem roten Buch.
Sie findet es neben acht Murmeln.

In einem Fach ist noch ein Heft.

6

tauchen   lachen   suchen

tau

zu FS 50/51 – 4. *Lautbild Buch* und abgebildete Begriffe mit Artikel benennen – Begriffe sprechschwingen und Silbenbögen daruntersetzen – Begriffe nach dem „ach-Laut" abhören und (blau) einkreisen, wenn er im Wort klingt
5. Text erlesen und alle ch blau einkreisen – Text erneut lesen und Abbildung betrachten – Abbildung nach Textvorgabe ergänzen
6. abgebildete Begriffe mit dem passenden Verb verbinden – das Verb unter den jeweiligen Kasten schreiben (LeMeSchKo)

 Milch   ch   Buch

1  Milch

2  Buch

3 Horche zuerst alle (ch) und (ch) ab. Sortiere dann:

Woche   Teich   Milch   Nacht   Licht   Tochter

ch wie in Milch   ch wie in Buch

Teich

4

B u ch   L i ch t   D a ch

---

5 Was passt am besten?

weich   flach   einfach   wach   frech

Ollis bunte Federn sind sehr _____ w _____ .

Olli bleibt nachts manchmal _____ .

Olli ist oft sehr, sehr _____ .

Lachen mit Olli ist aber total _____ .

---

6 Finde alle Reimpaare:

sich   Tuch   Fach   Buch   mich   Dach

sich

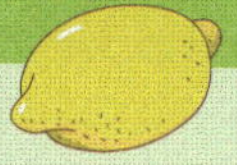

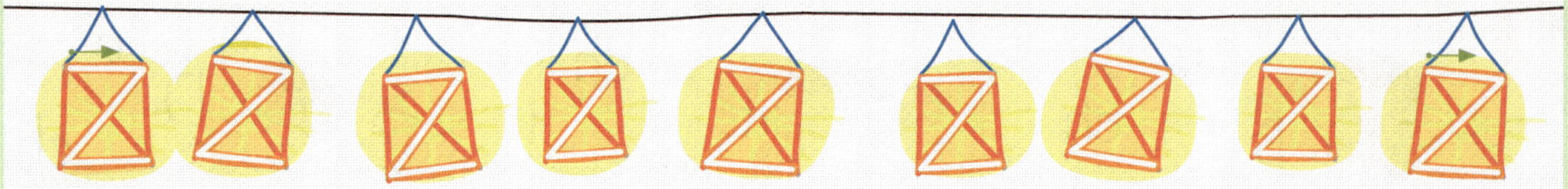

Z

Z Z Z

Z Z

Zeit Zeit

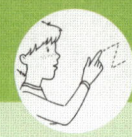

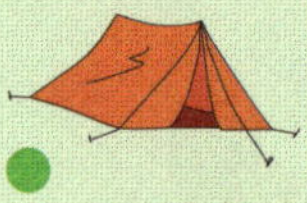

Zelt Zelt

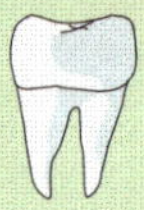

Zahn Zahn

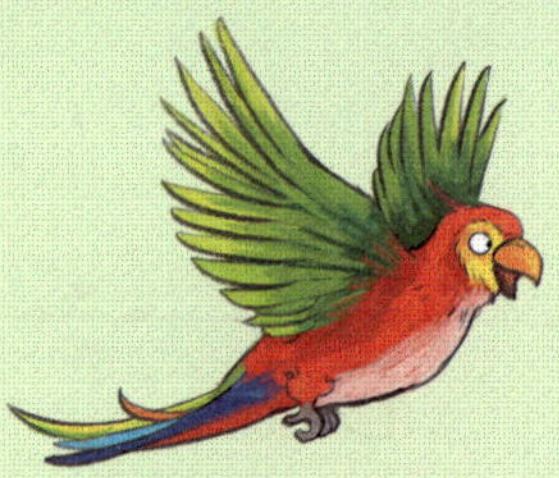
Welches Wort passt wohin?

Zitrone Zebra

Zaun Zwiebel

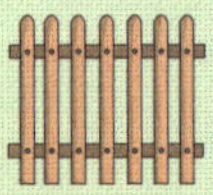

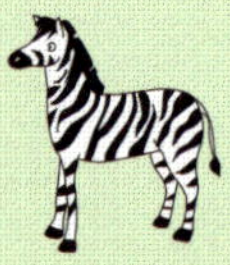

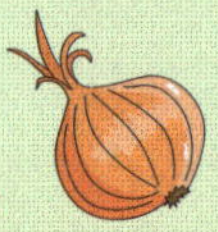

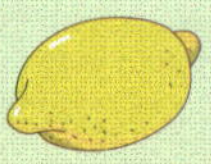

zu FS 52/53 – oben Formübung Z: Z innerhalb der Laternen nachspuren – weißes Z mit mehreren Farben nachspuren – graue Z einmal nachspuren – Feld mit weiteren Z füllen – Schreibansatzpunkt und Richtungspfeile beachten
Mitte alle grauen Vorgaben nachspuren und Restzeilen entsprechend füllen
unten Wörter im Kasten erlesen – abgebildete Begriffe benennen und die passenden Wörter danebenschreiben

Z z

1

2 Male zwei Pilze braun an.

Zeichne zehn lila Herzen.

Zeichne auf den Zettel noch drei blaue Zelte dazu.

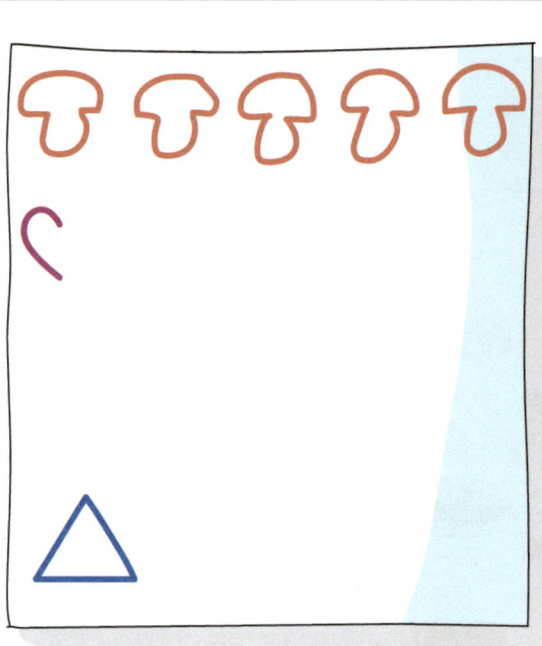

3

a   e   au   ei

Z z

1

2 Immer ein Wort passt nicht dazu.

Naomi zieht Milo Zebra in ein Zimmer.

Dort tanzt zaubert der Lehrer fremde Zahlen herbei.

Alle rechnen die Zwiebeln Zahlen zusammen.

Nach zehn Minuten ist die Zeit zu um.

3 der oder die oder das ?

Das sind Nomen.

Zahn   Zeit   Salz   Wurzel

die Zeit

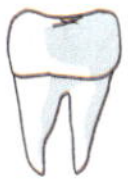

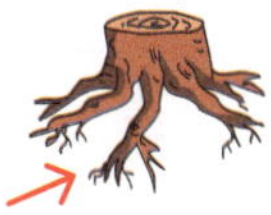

die Zeit   das Salz   der Zahn   die Wurzel

zu FS 52/53 – 1. *Lautbild Zitrone* und abgebildete Begriffe benennen – **Einführung der Unterscheidung zwischen** *Anlaut, Inlaut* und *Auslaut*: Begriffe danach abhören, ob der /z/-Laut am Wortanfang (1. Kästchen), irgendwo im Wortinnern (2. Kästchen) oder als letzter Laut am Wortende (3. Kästchen) klingt
2. „Stolperwörter": Sätze einzeln erlesen – nicht in den Satz passendes Wort ermitteln und rot durchkreuzen
3. bestimmte Artikel und Wörter im grünen Kasten erlesen – Abbildungen benennen und jeweils das passende Wort mit Artikel danebenschreiben

Z z

4 Was passt zusammen?

Er ist im Herbst auf dem Waldboden zu finden.

Sie ist eine Frucht und immer sehr sauer.

Wanderer brauchen es oft. Nachts ist es ihr Zimmer.

Er ist in deinem Mund. Hat er ein Loch, tut er weh.

- die Zitrone
- der Pilz
- der Zahn
- das Zelt

5

sieben   drei   zwei   zehn

Zelte   Zahlen   Zitronen   Zehen

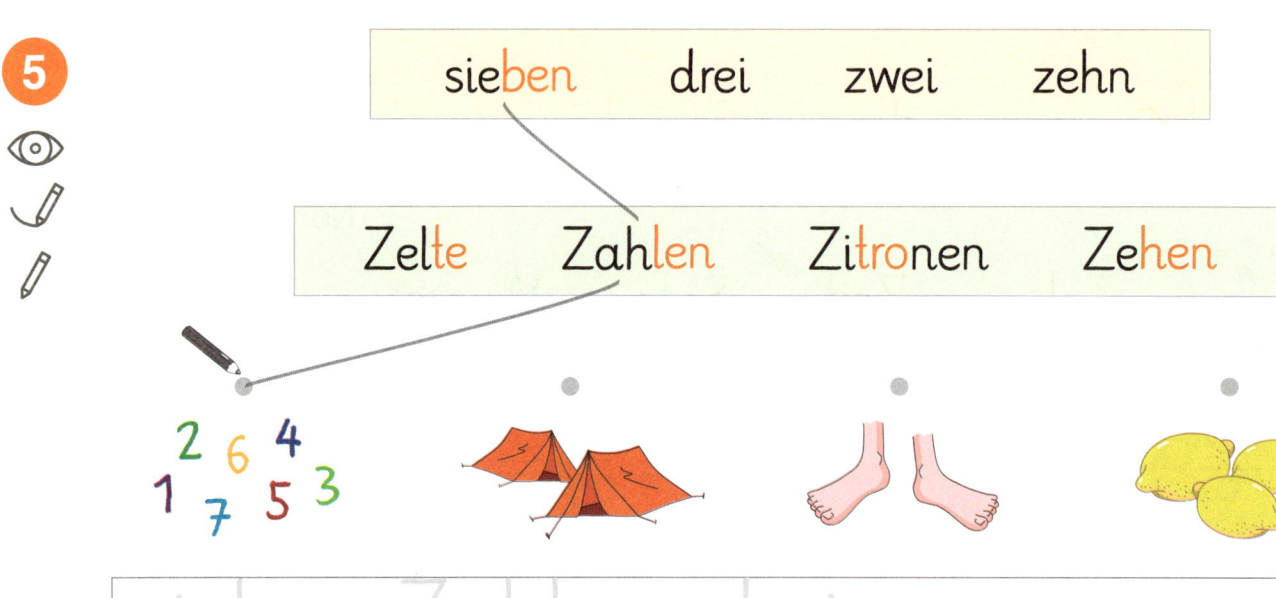

sieben Zahlen, drei

K k

K · · · · · · · · · K

Kino   Kino

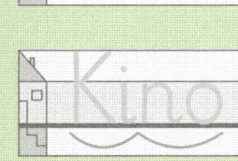 Kuchen   Kuchen

  Kind   Kind

  Kreis   Kreis

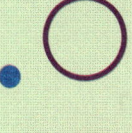  Kamel   Kamel

 Kleid   Kleid

zu FS 56/57 – **oben** Formübung K: „Kükenschnabel" wie vorgegeben nachspuren bzw. ergänzen – weißes K mit mehreren Farben nachspuren – graue K einmal nachspuren – Feld mit weiteren K füllen – Schreibansatzpunkte und Richtungspfeile beachten
Mitte alle grauen Vorgaben nachspuren und Restzeilen entsprechend füllen
unten *optional:* Lieblingsbuchstaben/-wörter aufschreiben

K k

k k k k

k . . . . k

K k . . . . K k

kurz . . . . kurz

kochen . . . . kochen

kaufen . . . . kaufen

die Wolke   das Paket   der Keks

Was ist im Korb?

zu FS 56/57 – **oben** weißes k mit mehreren Farben nachspuren – graue k einmal nachspuren – Feld mit weiteren k füllen – Schreibansatzpunkte und Richtungspfeile beachten – alle grauen Vorgaben nachspuren und Restzeilen entsprechend füllen
unten Wörter im Kasten erlesen – abgebildete Begriffe benennen und die passenden Wörter danebenschreiben – *optional:* Ollis Sprechblase erlesen, Abbildung dazu betrachten und Frage im Heft schriftlich beantworten (Karotten, Paprika, Zwiebeln, Kohl, Kartoffeln)

K k

1

2

 Sa**mi** • • kaut Kek**se**.

 **O**ma • • krault das Kro**ko**dil.

 Ol**li** • • kocht Kar**to**ffeln.

 Mi**la** • • klaut ei**ne** Ka**ro**tte.

3

 e i o

Kis < sen / **te**   Ker < ze / ne   Wol < le / ke

Kis

zu FS 56/57 – **1.** *Lautbild Kuchen* und abgebildete Begriffe benennen – Begriffe danach abhören, ob der /k/-Laut am Wortanfang (1. Kästchen ankreuzen) oder später im Wort (2. Kästchen ankreuzen) klingt
2. Abbildungen betrachten – Namen und Satzergänzungen erlesen und zur jeweiligen Abbildung passend miteinander verbinden
3. abgebildete Begriffe benennen und Einzelsilben lesen – zur Anfangssilbe passende Endsilbe markieren und das Wort vervollständigen – „Kapitäne" einkreisen

77

K k

1

☐ In Omas Korb sind Kartoffeln und Knoblauch.

☐ Im Bootshaus ist ein Plastik-Kamel.

☐ Sami sieht einen Kalender.

☐ Die Kinder sind in der Zukunft.

☐ Die Kinder kochen mit Oma Kartoffelsuppe.

☐ Olli knabbert lieber Kuchen und Kekse.

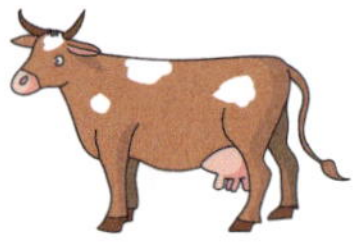

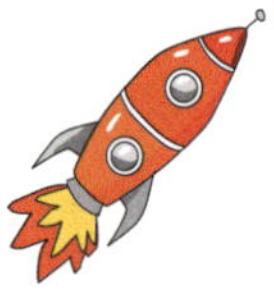

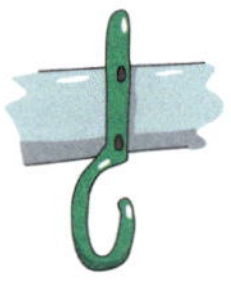

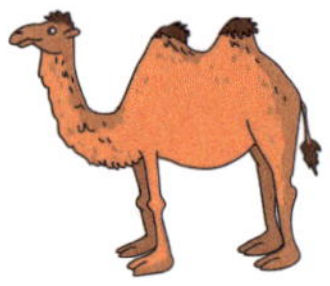

2 Was passt zu den Fibelseiten 56 und 57?

3 Was isst du am liebsten? Notiere es hier:

4 Was passt zur Fibelseite 57?

○ Oma kocht eine Suppe mit Pantoffeln.

○ Oma klebt eine Puppe mit Kartoffeln.

○ Oma kocht eine Suppe mit Kartoffeln.

○ Oma kaut einen Koffer mit Kartoffeln.

Notiere hier die passende Antwort.

5 Baue aus den Silben das Wort zum Bild.

te   Ka   rot

Karot

ko   Kro   dil

se   do   Keks

Das ist ein bunter Silbensalat!

zu FS 56/57 – 4. Frage und Auswahlsätze erlesen – richtige Aussage ankreuzen und abschreiben (LeMeSchKo)
5. Abbildungen benennen – Silbenschwingen – Einzelsilben erlesen – Wörter zu den Abbildungen Silbe für Silbe verschriften – benutzte Silben nach und nach ausstreichen – Silbenbögen setzen

79

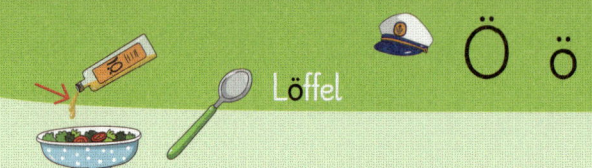

Löffel

Ö ö

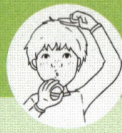

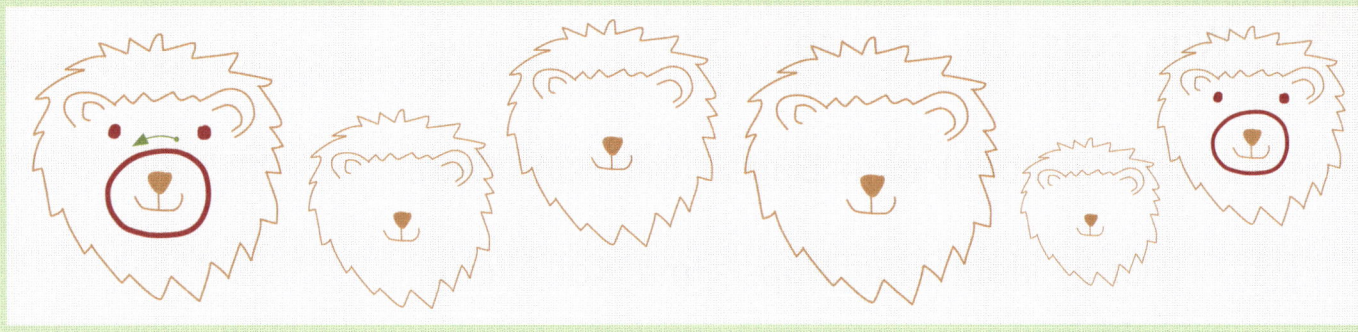

Ö ö Ö ö

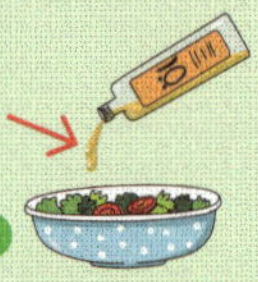

Öl Öl

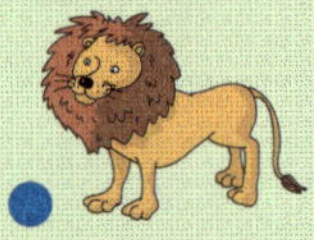

Löwe Löwe

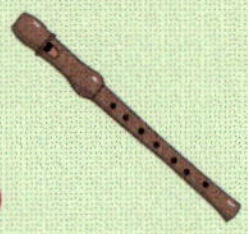

Flöte Flöte

zwölf zwölf

lösen lösen

hören hören

können können

Zwölf Löwen flöten öfter blöde Töne.

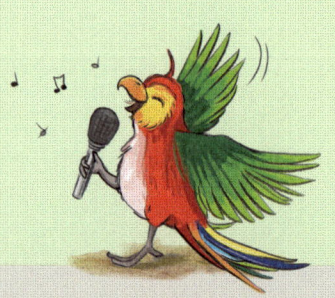

zu FS 58/59 – oben Formübung Ö: „Löwengesicht" wie vorgegeben nachspuren bzw. ergänzen
Mitte alle grauen Vorgaben nachspuren und Restzeilen entsprechend füllen
unten *optional:* vorgegebenen Satz erlesen und ins Heft abschreiben

Ö ö Löffel

1

.12

2

 **Sami** • • flötet öfter ein Lied.

 **Mila** • • möchte ein Löwe sein.

 **Milo** • • baut eine Höhle.

3

e ö

| Lö < me / we | Flö < le / te | Löf < fer / fel |

Lö

Ö ö

Löffel

1 Bilde die Mehrzahl.

der Korb   der Ton

die K**ö**rbe   die

der Wolf   der Koch

---

2 Huch, hier fehlen alle ö! Finde sie. (noch 7-mal)

Alle wollen Tiere hören. Also machen die Kinder Tone.

Milo macht eine Robbe nach.

Naomi hort sich wie ein Wolf an.

Sami ruft: „Wolfe und Lowen horen sich bose an.

Aber sie sind nicht bose!"

---

3 Nun seid ihr dran:

Welche Tiere könnt ihr nachmachen?

Töröööh!!!

♥-Töne

Sch sch

Sch Sch Sch Sch Sch Sch

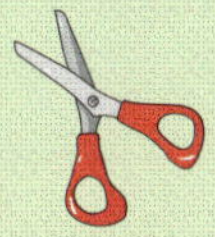

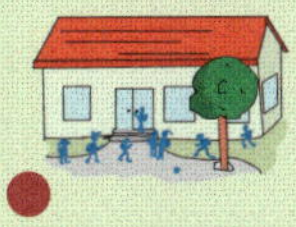

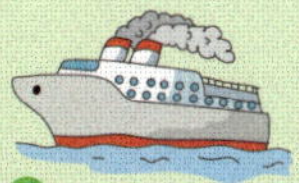

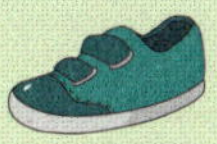

Sch

Schere

Schule

Schiff

Schuh

Schreibe die Wörter ab.

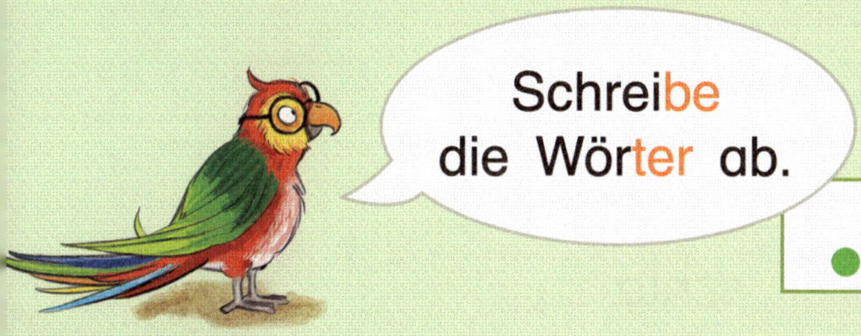

• Schaf • Schaukel • Schnee

Schöne Schafe fressen Schokolade mit einem Löffel.

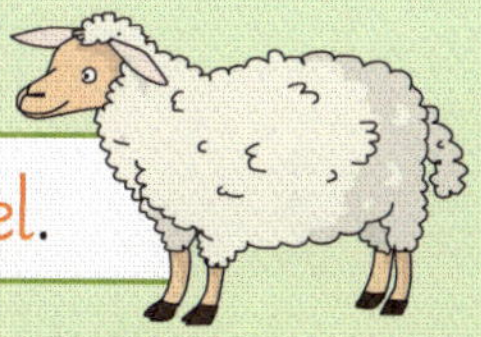

Sch sch

sch sch sch sch sch sch

sch · · · sch

Sch sch · · · Sch sch

schön · · · schön

frisch · · · frisch

waschen · · · waschen

Tisch · · · Tisch

| schreiben | scheinen | schneiden | schlafen |

schei

84   zu FS 60/61 – **oben** graue sch einmal nachspuren – Feld mit weiteren sch füllen
Mitte alle grauen Vorgaben nachspuren und Restzeilen entsprechend füllen
unten Verben im Kasten erlesen – abgebildete Begriffe benennen und die dazu passenden Verben danebenschreiben

Sch sch

1

2

   Das Schiff •   • sammeln schöne Muscheln.

   Die Sonne •   • schwimmt auf dem Wasser.

   Die Kinder •   • scheint hell.

3

a e ei

schei < len / nen   schrei < ten / ben   schla < sen / fen

schei _____   _____   _____

zu FS 60/61 – 1. *Lautbild Schere* und abgebildete Begriffe benennen – Begriffe danach abhören, ob ein /sch/-Laut am Wortanfang oder später im Wort klingt
2. Abbildungen betrachten – Nomen und Satzergänzungen erlesen und zur jeweiligen Abbildung passend miteinander verbinden
3. abgebildete Verben benennen und Einzelsilben lesen – zur Anfangssilbe passende Endsilbe markieren und das Wort vervollständigen – „Kapitäne" einkreisen

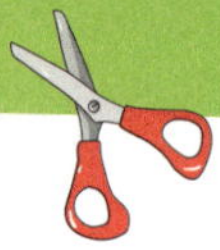

Sch sch

1

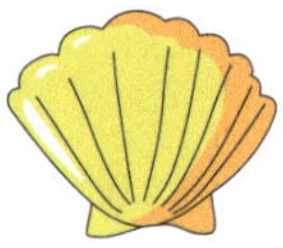

2
- ○ Schuhe aus Schnee.
- ⊗ Schiffe aus Papier.

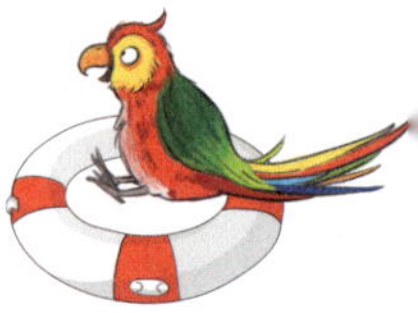

Milo faltet _Schiffe aus_

- ○ bunten Fischen zu.
- ○ frischen Tischen zu.

Olli schaut ___

- ○ in der Waschmaschine.
- ○ in schönen Betten.

Wir schlafen ___

3 Lies mehrmals. Werde dabei immer schneller.

Schwere Schweine schwimmen schnell,
schnell schwimmen schwere Schweine.

Inhaltsverzeichnis

- E e schreiben 2
- E e 4
- E e 6
- W w schreiben 9
- W w 11
- W w 12
- R r schreiben 14
- R r 16
- R r 17
- D d schreiben 19
- D d 21
- D d 22
- Ei ei schreiben 24
- Ei ei 25
- Ei ei 26
- P p schreiben 28
- P p 30
- P p 31
- F f schreiben 33
- F f 35
- F f 36
- U u schreiben 38
- U u 40
- U u 41
- H h schreiben 43
- H h 45
- H h 47
- ie schreiben 50
- der die das 51
- ie 52
- ie 53
- B b schreiben 55
- B b 57
- B b 58
- Au au schreiben 60
- Au au 61
- Au au 62
- Ch ch schreiben 64
- ch 66
- ch 68
- Z z schreiben 70
- Z z 72
- Z z 73
- K k schreiben 75
- K k 77
- K k 78
- Ö ö schreiben 80
- Ö ö 81
- Ö ö 82
- Sch sch schreiben 83
- Sch sch 85
- Sch sch 86

Deutsch mit Olli 1

Fibel
Arbeitsheft
LEICHT | BASIS
mit Grundschrift-Lehrgang
Teil B

erarbeitet von
Silke Bergmann
Diana Feldmeier
Sabine Pfitzner-Kierzek
Kati Steinecke
Gabriele Stoll
Stefanie Stroh
Anja Tiedje
Annett Zilger

mit Illustrationen von
Manuela Ostadal
Petra Eimer (Papageien)

 Deine interaktiven Gratis-Übungen findest du hier:

1. Gehe auf scook.de.
2. Gib den unten stehenden Zugangscode in die Box ein.
3. Hab viel Spaß mit deinen Gratis-Übungen.

Dein Zugangscode auf
www.scook.de | aanh6-ycsu4

Cornelsen

Ä ä

Äste

Bär

Käse

Käfer

Milo wäscht die Flasche ab.

Opa hält Omas Hände.

Wähle aus. Schreibe ab und schreibe weiter.

① Das Mädchen Käte ist älter …

② Im März zähle ich …

 **Ä ä**  Käse

1  Bilde die Mehrzahl.

• der Zahn   • der Ball

die Zähne   die ___

• die Hand   • der Ast

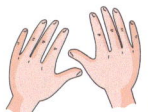 ___    ___

 die Zähne   die Bälle   die Hände   die Äste

2

Käfer haben — • 6 Beine.
— • 6 Ärmel.

Käte zählt — • die Käfer.
— • die Wäsche.

Papa schält — • den Käse.
— • die Kartoffeln.

3

Käte krabbelt wie ein alter Kafer
unter die Blatter und Aste.

  Käse  Ä ä

 Ich bin der Kapitän!

1 Bilde die Mehrzahl.

das Blatt — die Blätter

der Hals — die

der Mann — die

der Mantel —

> Manche Wörter ändern sich in der Mehrzahl nicht.
>
> der Ärmel → die Ärmel   der Käfer → die Käfer
>
> das Mädchen →

2 Finde alles, was zusammenpasst.

| Braun | Käse | Wasch | Heft | Eis | Käfer | März |

-bär

(Lösungen: Braunbär, Waschbär, Eisbär)

 Ü ü  Tür Nüsse

Milo füllt Schalen mit Müsli.

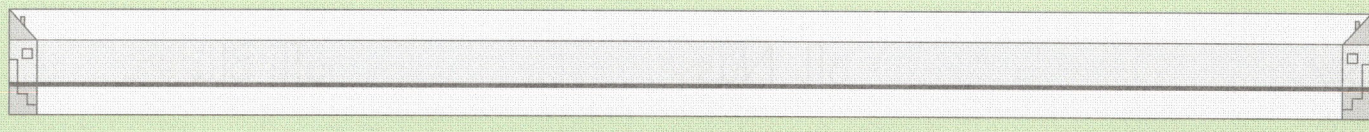

Über der Tür krümelt Olli.

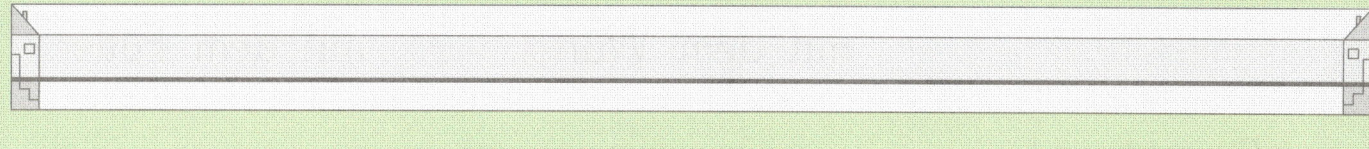

 Schreibe ab und schreibe weiter.

1 In der Küche müssen ...

2 Mit dem Füller übt Mila ...

zu FS 64/65 – oben alle grauen Vorgaben nachspuren und Restzeilen entsprechend füllen
Mitte Sätze aus den Kästen erlesen und abschreiben
unten Satzanfänge erlesen – einen Satzanfang auswählen, ins Heft abschreiben und frei ergänzen

Ü ü

Tür Nüsse

1 Bilde die Mehrzahl.

- die Wurst   die Würste
- der Hut   die
- der Turm
- die Nuss

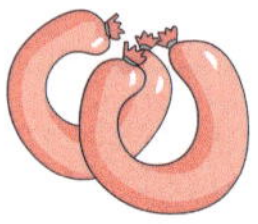

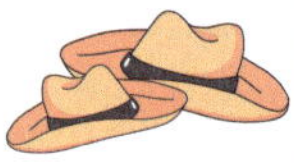

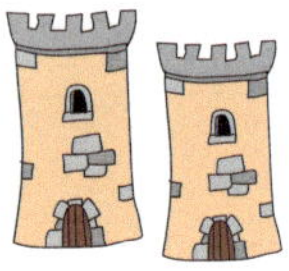

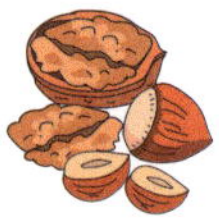

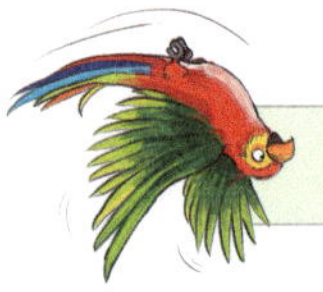

(Lösungen umgedreht): die Würste · die Hüte · die Türme · die Nüsse

2 Was passt zusammen? ⊗ und schreibe auf.

○ oft Nüsse.   ○ oft Blüten.

Im Müsli sind _____ .

○ mit dem Würfel.   ○ mit dem Füller.

Ela schreibt _____ .

3 Mila füllt funf Tuten mit Nussen und Nudeln.

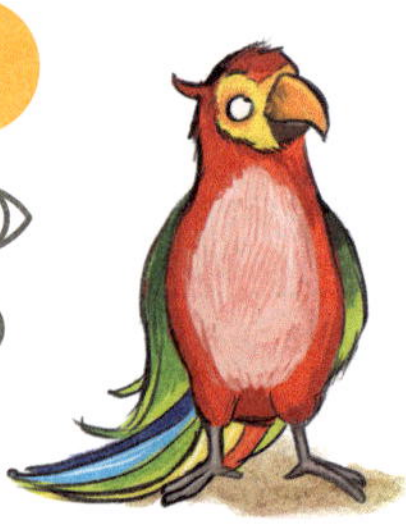

 Ü ü  Tür Nüsse

1

   5

2 Finde immer das falsche Wort.

 Das ist mein Tütü.

Olli liebt übt Nüsse über alles.

Früher klaute er Nüsse immer aus der Blüte Küche.

Sobald eine Tüte für raschelte, war Olli da.

Einmal wühlte blühte er im Müll nach den Schalen.

Da brüllte wünschte Oma sehr wütend:

„Diebe müssen bei den Hühnern küssen übernachten!"

3 Lies und schreibe ab.

 Ich rase aus der Küche und füttere im Hof fünf Hühner.

Igel liegen gemütlich im Gras.

Ollis Seite  **Aussagen und Fragen**

1 Aussagen enden mit einem • .

Fragen enden mit einem ? .

Markiere alle • grün. Markiere alle ? gelb.

Wie betonst du Aussagen und Fragen?

Diese Aufgabe ist schwer.　　Sind alle Berge grau?
Tragen Könige Kronen?　　　Gibt es grüne Tage?
Tiere fliegen mit Flügeln.　　　Im Regen liegen ist doof.

2 Schreibe hier alle Aussagen ab.

Schreibe hier alle Fragen ab.

G g

1

2 Was passt zusammen? ⊗ und schreibe auf.

○ gut würfeln.
○ gut fliegen.

Gänse können _____.

○ auf dem Regenbogen.
○ im Garten.

Zwei Igel liegen _____.

○ gerne Gemüse.
○ gelbe Gläser.

Papageien mögen _____.

3 ♥ Ich liebe _____

G g

1

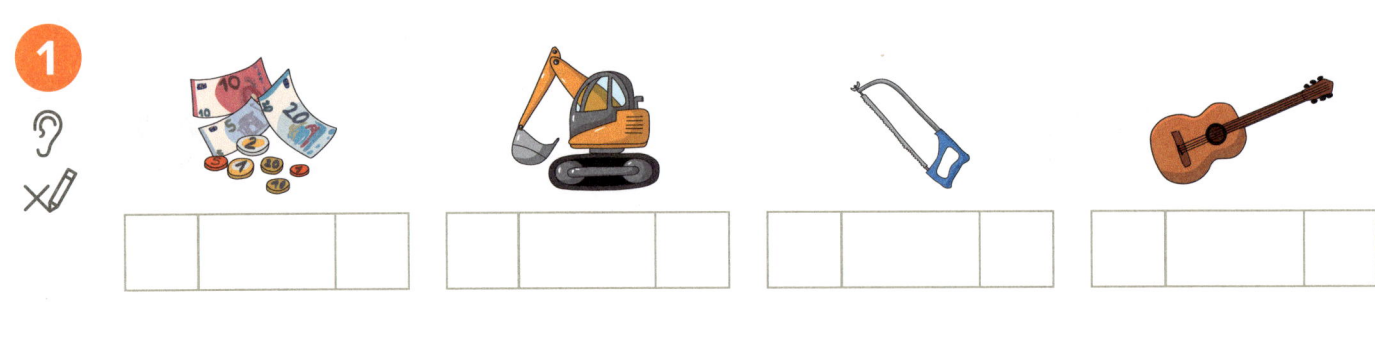

2 Bilde aus einer Aussage eine Frage. Das geht so:

Aussage: Marta geht in den Garten.

Frage: Geht Marta in den Garten?

Opa | seine Geige | trägt

Aussage: Opa _____ .

Frage: T _____ ?

Käte | die Wege | fegt

Aussage: _____

Frage: _____

3 Bilde Wörter aus den Silben. Welches Wort passt wohin?

| zei | lie | fe | sä | | gen |

Marta möchte mit Papa das Holz _____.

Käte will Opa das gesunde Gemüse _____.

Olli möchte lieber gemütlich im Gras _____.

Schreibe hier eine Aussage richtig ab.

_____

_____

---

4 Wo liest du ein g, aber hörst ein k?

Kreise grün ein.

Es ist ein sonniger Sonntag.

Im Garten liegen Äste

und ein riesiger Berg Sand.

Die Kinder bauen daraus lustige Burgen.

Olli landet auf einer Burg.

Prüfe:
ein Tag – zwei Tage
ein Berg – zwei Berge

J j

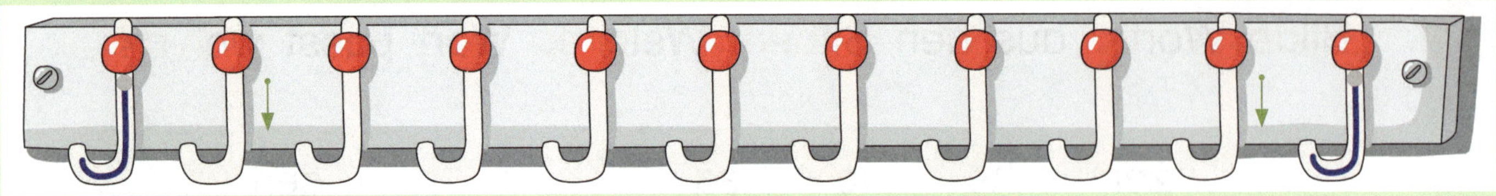

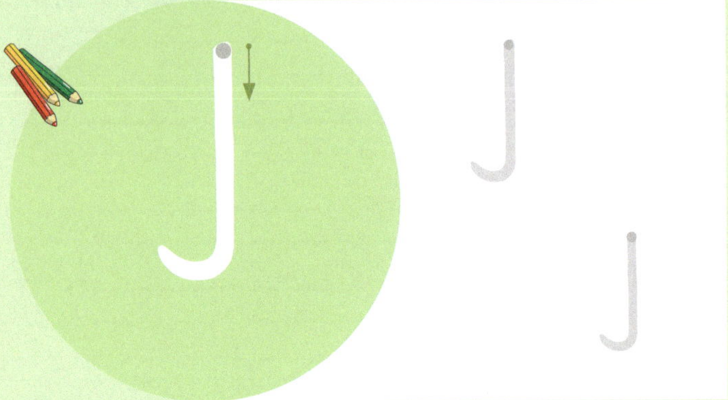

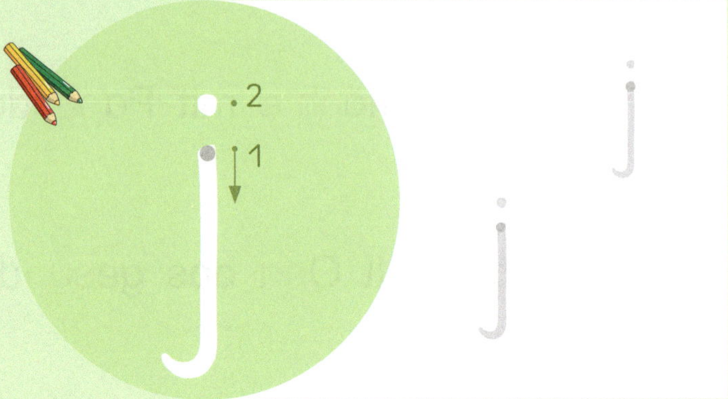

J	J

| j | j |

| Ju | ja |

| Juni | Juni |

| jeder | jeder |

| jubeln | jubeln |

Der Jaguar jagt den Jäger.

zu FS 70/71 – **oben** Formübung J: vorgegebene graue „Garderobenhaken" innen in Pfeilrichtung nachspuren – weiße J und j mit mehreren Farben nachspuren – graue J und j einmal nachspuren – Felder mit weiteren J bzw. j füllen – Schreibansatzpunkt und Richtungspfeil beachten
Mitte alle grauen Vorgaben nachspuren und Restzeilen entsprechend füllen
unten vorgegebenen Satz erlesen und ins Heft abschreiben

J j

1 Was passt zusammen?

Der Januar ○ ist ein Monat.
○ ist ein Jaguar.

Der Januar

Milo jubelt ○ im Joghurt.
○ auf einem Fest.

Milo jubelt

---

2 Welches Wort passt wohin?

| jagt   rollt   jeder   will   jault |

Ein Hund [*jagt*] hinter einem Igel her.

Der Hund [   ] an dem Igel schnuppern.

Der Igel [   ] sich jedoch zusammen.

Nun [   ] der Hund laut.

J j

1 So wird aus einer Aussage eine Frage:

Aussage: Frau Jäger übt Judo .

Frage: Übt Frau Jäger Judo ?

Schreibe die Fragen zu den Aussagen in die Zeilen.

Aussage: Jana malt für das Jubiläum .

Frage:

M

Aussage: Jedes Kind jubelt beim Fest .

Frage:

J

Hast du an die Fragezeichen am Ende gedacht?

Aussage: Maja übt mit einem Jo-Jo .

Frage:

Ü

Sp sp

Sp Sp Sp Sp Sp Sp Sp

Sp

Spinne

Spiegel

Spur

Specht

Schreibe die Wörter in die Zeile ab.

• Spiel   • Sprache   • Sport

Beim Sportfest lernen alle lustige Spiele.

Sp sp

sp   sp   sp   sp   sp   sp   sp

sp   sp
Sp sp   Sp sp
spät   spät
spülen   spülen
spannen   spannen

spie**len**   spre**chen**   spin**nen**   spu**ken**

Spa**n**ische Spech**te** spre**chen** mit spor**t**lichen Spin**nen**.

Sp sp

1   Kreise alle Sp und sp ein.
Lies und male dann.

Jasmin und Jan spielen
mit einem roten Ball.
Ela und Milo spannen
ein braunes Seil.

Mila wirft einen blauen Speer.
Emil malt eine riesige Spinne.

2

 Ich spinne!

Schaue in Aufgabe 1 nach.
Schreibe die Wörter mit Sp und sp passend ab.

    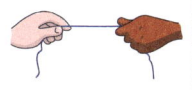 

 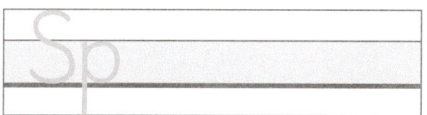    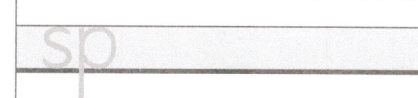

Sp sp

1 Lies auf den Fibelseiten 72/73 nach. Was ist richtig?

○ Alle wollen gemeinsam Sport treiben.

○ Milo spannt ein Seil über den Hof.

○ Eine Spinne legt eine Spur.

○ Mila und Jana wollen alle einladen.

○ Jede Familie malt ein Plakat.

---

2 Immer drei Wörter gehören zu einer Wortfamilie.

Male die Wörter in der gleichen Farbe an.

Sport	Spieler
spielen	sportlich
Sporthalle	Spiel

Schreibe hier die Wörter sortiert auf.

Wortfamilie: Spiel	Wortfamilie: Sport

3 Sprich alle Wörter. Zeichne Silbenbögen.

Spiegel	Sp und sp spricht man nur zu Beginn einer Silbe wie in 🕷.	Wespe
Gespenst		wispern
sparen		lispeln
sprechen		Knospe

4 Schreibe nur die Wörter mit Sp und sp wie in 🕷 ab.

5 Kreise zuerst alle Sp und sp wie in 🕷 ein.

Ein Gespenst und ein Geist spuken in einer Burg.

Das Gespenst lispelt:

„Ich sperre die Spinnen in die Speisekammer."

Der Geist wispert: „Ich spaziere durch den Spiegel."

Lies nun alles noch einmal mit einem Partnerkind.

zu FS 72/73 – **3.** Wörter in den Kästen links und rechts jeweils deutlich artikulierend erlesen – Klangunterschiede bei Sp und sp innerhalb der Wörter heraushören – Ollis Sprechblase erlesen – Silbenbögen unter die Wörter in den Kästen setzen
4. Wörter mit /sp/-Lautung wie in *Spinne* aus Aufgabe 3 abschreiben (LeMeSchKo)
5. Text lesen und alle Sp und sp wie in *Spinne* grün einkreisen – wiederholtes Lesen mit einem Partnerkind

St st

St　St　St　St　St
　　　St

St

★ Stern

🪨 Stein

✏️ Stift

Finde Reimwörter, die mit St beginnen. Zum Beispiel:
Bein
Stein

● Raub
Staub

Hufe

● Runde

● Turm

 Olli malt Sterne und einen Stier mit einem Stift auf einen Stapel Papier.

zu FS 74/75 – **oben** graue St einmal nachspuren – Feld mit weiteren St füllen
Mitte alle grauen Vorgaben nachspuren und Restzeilen entsprechend füllen – **Einführung „Reimwörter finden"**: Ollis Sprechblase erlesen – Begriffe über den Schreibzeilen erlesen und nach Vorgabe des Beispiels in Ollis Sprechblase Reimwörter mit St am Anfang finden – Reimwörter unter die vorgegebenen Wörter schreiben – **unten** *optional*: vorgegebenen Satz erlesen und ins Heft abschreiben

St st

1 Kreise alle (St) und (st) ein.
Lies und male dann.

Emil und Milo steigen

auf einen Berg.

Milo stolpert

über einen grauen Stein.

Emil steht neben

einem grünen Strauch.

Auf dem Berg

steht ein roter Turm.

---

2 Schaue in Aufgabe 1 nach.
Schreibe die Wörter mit St und st passend ab.

St	St

st	st

St st

1 Finde alles, was zusammenpasst.

| Nikolaus | Stroh | Winter | Gummi | Ski | Stein |

-stiefel

Nikolausstiefel

(Lösungen: Nikolausstiefel, Winterstiefel, Gummistiefel, Skistiefel)

2

Stern   Stein   Strauch

---

3 Bilde Wörter aus den Silben. Welches Wort passt wohin?

| star | stei | sta | | ten | peln | gen |

Emil will mit den Spielen _____star_____ .

Jasmin möchte Stoffwürfel _____ .

zu FS 74/75 – 1. Wiederholung „Komposita": Bestimmungswörter im oberen Kasten und Grundwort -stiefel im unteren Kasten erlesen – richtige Wörter aufschreiben (Lösungen in Ollis grünem Kasten) – 2. Begriff benennen – Einzelbuchstaben erlesen und in der richtigen Reihenfolge miteinander verbinden – Wort in die Zeile zum Bild schreiben – 3. Anfangs- und Endsilben in den Kästen erlesen – Lückensätze erlesen – aus den Anfangs- und Endsilben passende Verben bilden und die Lückensätze entsprechend ergänzen – benutzte Silben ausstreichen (zwei Silben bleiben übrig: stei- und -gen)

St st

4 Sprich alle Wörter. Zeichne Silbenbögen.

Stimme
Strauch
stehen
steigen

St und st spricht man nur zu Beginn einer Silbe wie in ⭐.

Fenster
Fest
basteln
austragen

5 Schreibe nur die Wörter mit St und st wie in ⭐ ab.

6 Kreise zuerst alle St und st wie in ⭐ ein.

Emil und Milo streiten sich um eine gestreifte Weste.

Ela ist sauer: „Seid still! Ihr stört!

Die Weste gehört in die Kiste unter dem Fenster."

Emil stöhnt: „Ja, das stimmt!"

Lies nun alles noch einmal mit einem Partnerkind.

C c

1 In Wörtern mit C oder c hörst du fast immer einen k-Laut – wie in .

Nur selten hörst du ein C oder c wie in .

2 Kreise alle C und c wie in braun ein.

Kreise alle C und c wie in gelb ein.

- Computer
- Cent
- Comic
- cool
- Clown
- Center
- Popcorn

3 Ordne nun die Wörter aus Aufgabe 1 dem passenden Lautbild zu.

C c

1 Ich bin Coco. In meinem Namen sprichst du C und c wie in 🖥️.

Ich bin Celina. In meinem Namen sprichst du das C wie in 🪙.

2 Namen mit C und c

Kreise alle C und c wie in 🖥️ blau ein.

Kreise alle C und c wie in 🪙 gelb ein.

Caroline   Marco   Lucie   Carla   Marcel   Lucas

3 Welches Wort passt am besten? 🛟

Cent   Comic   Computer   Clown   Lucie

Damit bezahlt man: _Cent_

Er hat oft eine rote Nase: _____

Darin sind Bilder und Sprechblasen: _____

Damit kommst du ins Internet: _____

zu FS 76/77 – 1. Klassengespräch: Sprechblasen der Fibel-Äffchen *Coco* und *Celina* erlesen und sich über die verschiedenen Lautungen des C und c austauschen
2. Namen im Kasten erlesen – Klang des C oder c in den Wörtern abhören und Grapheme wie vorgegeben farbig einkreisen
3. Auswahlwörter und Lückensätze erlesen – Lückensätze jeweils mit dem passenden Auswahlwort ergänzen – benutzte Wörter im Kasten ausstreichen (ein Wort bleibt übrig: Lucie)

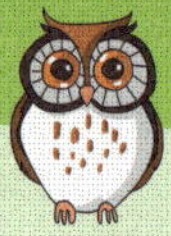

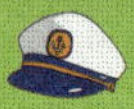

Eu eu

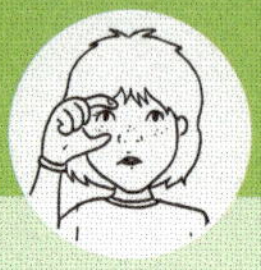

eu Eu eu Eu eu eu

Eu eu Eu eu

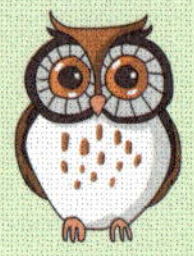

Eule Eule

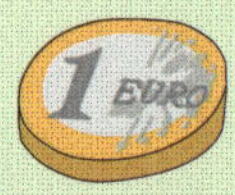

Euro Euro

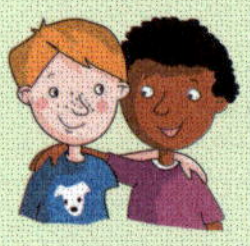

Freunde Freunde

neu neu

heute heute

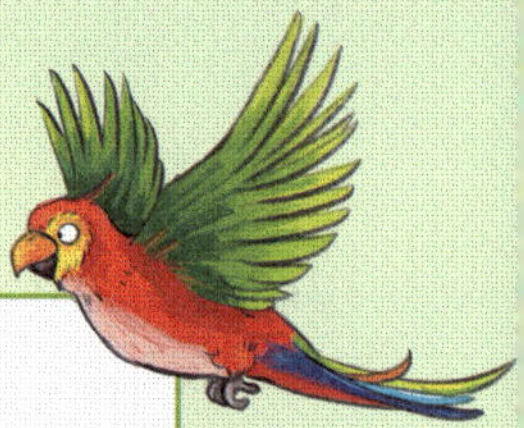

heulen leuchten ankreuzen

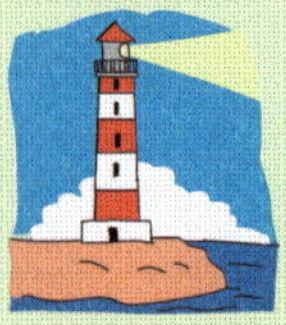

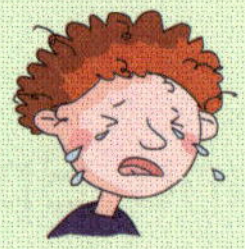

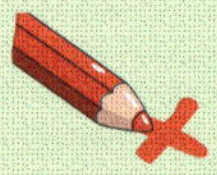

zu FS 78/79 – oben graue Eu und eu einmal nachspuren – Feld mit weiteren Eu und eu füllen
Mitte alle grauen Vorgaben nachspuren und Restzeilen entsprechend füllen
unten Verben aus dem Kasten erlesen – abgebildete Begriffe vor den Zeilen benennen und die Verben aus dem Kasten durch Abschreiben richtig zuordnen

Eu eu

1

2

Kreise alle (Eu) und (eu) ein.

Lies dann.

Meine Stifte sind neu.

Sie kosten neun Euro.

Damit male ich heute ein Flugzeug.

Mein Freund Emil malt mit.

Emil malt eine Eule. Sie heult.

3

Schaue in Aufgabe 2 nach.

Schreibe alle Wörter mit Eu und eu ab.

Eu	eu
Eu	neu, neun

zu FS 78/79 – 1. *Lautbild Eule* und abgebildete Begriffe benennen – Begriffe danach abhören, ob der /eu/-Laut am Wortanfang (1. Kästchen ankreuzen) oder später im Wort (2. Kästchen ankreuzen) klingt
2. Text erlesen und alle Eu und eu rot einkreisen – Text erneut erlesen
3. alle Wörter mit Eu und eu in Aufgabe 2 suchen – Wörter nach großem Eu und kleinem eu sortiert in die Zeilen abschreiben (LeMeSchKo)

Eu eu

1 der oder die oder das ?

Feuer   Euro   Kreuz   Eule

die Eule   der Euro   das Kreuz   das Feuer

2 Kreise zuerst alle (Eu) und (eu) rot ein.

Kreuze die drei richtigen Aussagen an.

○ Eulen kaufen gerne teure Kleider.

○ Neun Euro sind mehr als fünf Euro.

○ Ein treuer Freund ist wichtig.

○ Manche Leute lieben heulende Perlen.

○ Nachts leuchten die Sterne am Himmel.

Schreibe die richtigen Aussagen in dein Heft.

3 F e   eu   r o
   eu   r   B l e   Eu

4 Lies in der Fibel auf den Seiten 78 und 79 nach.
Kreuze an, was stimmt.

Die Eule freut sich über
○ neun heulende Leute.
○ die Hilfe ihrer Freunde.
○ eine fette neue Beule.

Die Feuerwehr will
○ einem Ungeheuer helfen.
○ leuchtende Sterne löschen.
○ eine Eulenhöhle retten.

V v

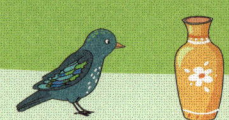

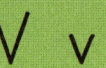

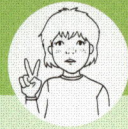

V v V v V v

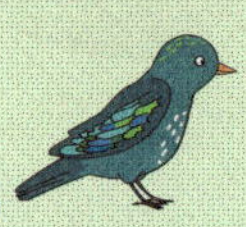
Vogel

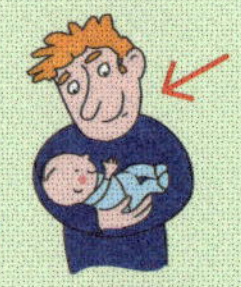
Vater

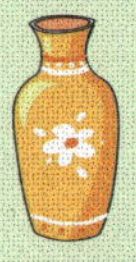
Vase

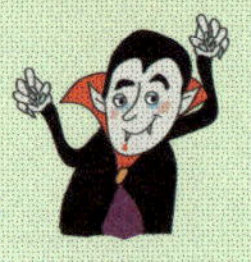
Vampir

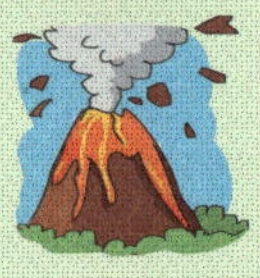
Vulkan

Mein Vorname ist:

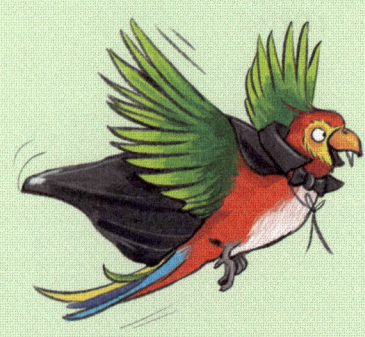

Mein Vorname ist Olli.
Ich bin heute ein Vampir.

Olli fliegt als Vampir über einen Vulkan.

zu FS 80/81 – oben graue V und v einmal nachspuren – Feld mit weiteren V und v füllen
Mitte alle grauen Vorgaben nachspuren und Restzeilen entsprechend füllen
unten Ollis Sprechblase erlesen – Satz im Kasten erlesen und ins Heft abschreiben

das Klavier   die Kurve   der November

Ollis Seite  Verben

1 Was tun die Kinder hier?

| lesen | malen | rennen |

sie

sie

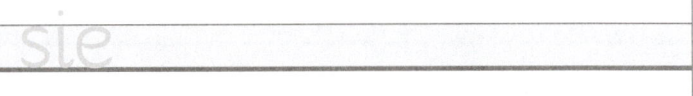
sie

Diese Wörter nennen wir Verben.
Verben erklären, was jemand tut.
Verben schreiben wir klein.

2 Kreise nur die vier Verben ein.

laufen	Vater	Himmel
Vogel	weinen	Verkehr
schreiben	Zimmer	schlafen

3 Spiele vor, was du tun kannst. Lass andere Kinder raten.

V v

1 Manchmal sprichst du das V oder v wie in .

- Vogel
- Vater
- vier

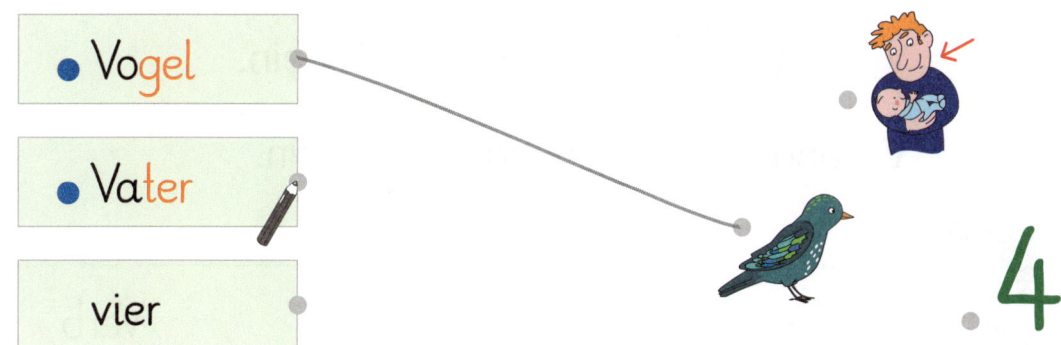

Manchmal sprichst du das V oder v wie in .

- Vase
- Vulkan
- Vampir

---

2 Trage die 6 Wörter von oben richtig in die Tabelle ein.

V oder v wie in 	V oder v wie in
Vo	

zu FS 80/81 – 1. *Lautbilder Vogel und Vase* benennen – unterschiedliche /v/-Lautungen abhören und benennen (stimmlos: wie in *Vogel* – stimmhaft: wie in *Vase*) – Wörter erlesen und mit den passenden Abbildungen verbinden
2. Wörter aus Aufgabe 1 nach stimmloser und stimmhafter Lautung sortiert in die Tabelle abschreiben (LeMeSchKo)

V v

1 Das V oder v sprichst du wie in  oder wie in 🏺.

👂
👁 Kreise Ⓥ und Ⓥ wie in Vogel grün ein.

Kreise Ⓥ und Ⓥ wie in Vase blau ein.

| November | Verband | Verb |
| Kurve | Vorname | Verkehr |

2 Schreibe nun die Wörter von oben in die passende Zeile. 🛟

👁
👂
✏️

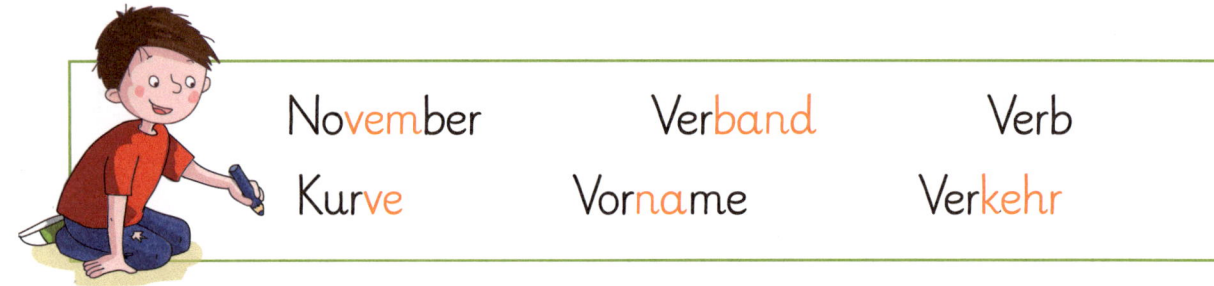

3 Kreuze zuerst an, was stimmt.

👁
✏️
🖌

○ Ein Tag dauert nur vier Stunden.

○ Ein leerer Eimer ist nicht voll.

○ Oft kaufen wir zu viel von etwas ein.

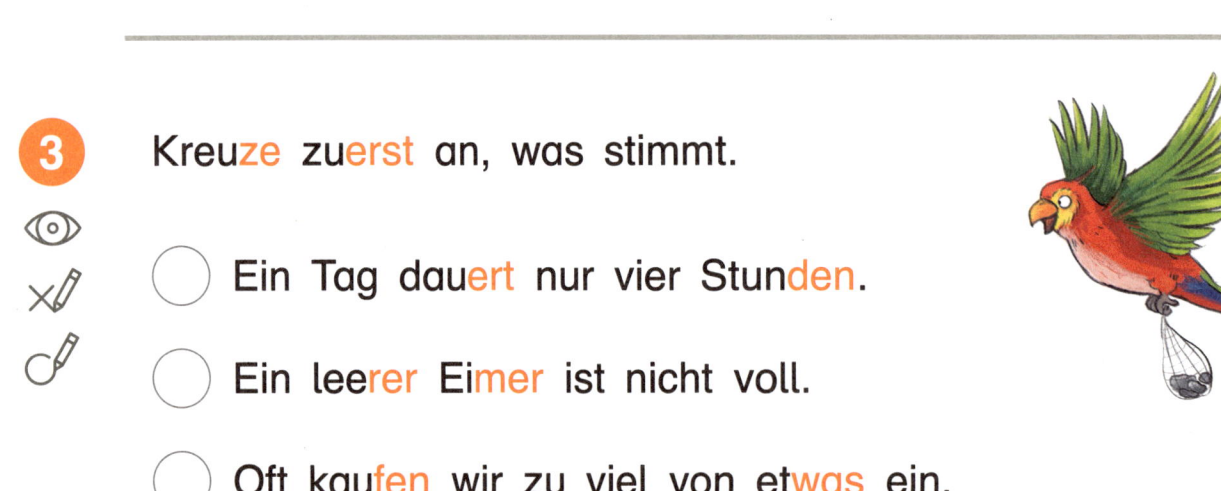

Kreise die vier Wörter mit v ein. Schreibe sie ins Heft.

4 Jedes Kind würfelt einmal.

1. Kind   2. Kind

1. Kind	2. Kind
⚀ Der kleine Vampir	⚀ verliert vier Zähne.
⚁ Der liebe Vater	⚁ vermisst eine Brille.
⚂ Der lustige Vogel	⚂ hopst vor das Fenster.
⚃ Der verliebte Kater	⚃ schnurrt viel.
⚄ Der vorsichtige Olli	⚄ knabbert am Pullover.
⚅ Die mutige Valentina	⚅ spielt auf dem Klavier.

Lest eure gewürfelten Zeilen direkt hintereinander.

5 Schreibe hier zwei lustige Aussagen von oben auf.

1. _____

2. _____

zu FS 80/81 – 4. „Würfelsätze": Partnerspiel (beliebig oft zu wiederholen): erstes Kind erwürfelt Satzanfang aus dem linken Kasten, zweites Kind erwürfelt Satzergänzung – Erlesen des vollständigen Satzes
5. zwei der erwürfelten Sätze ins Heft abschreiben (LeMeSchKo) – *optional:* weitere Sätze ins Heft abschreiben

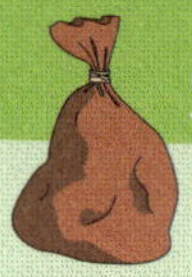

Sack

ck

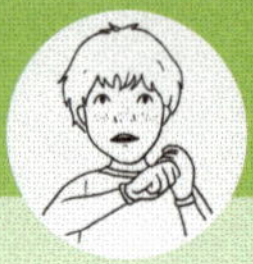

ck ck ck ck ck ck

ck ck

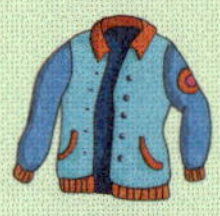

Jacke Jacke

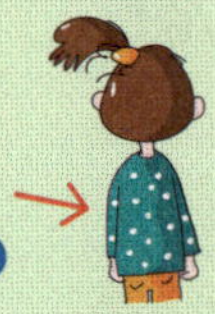

Rücken Rücken

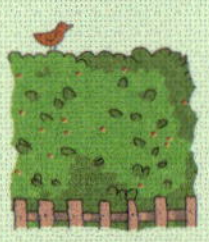

Hecke Hecke

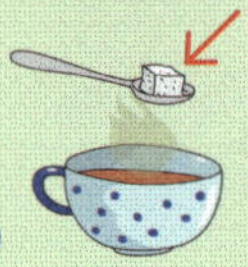

Zucker Zucker

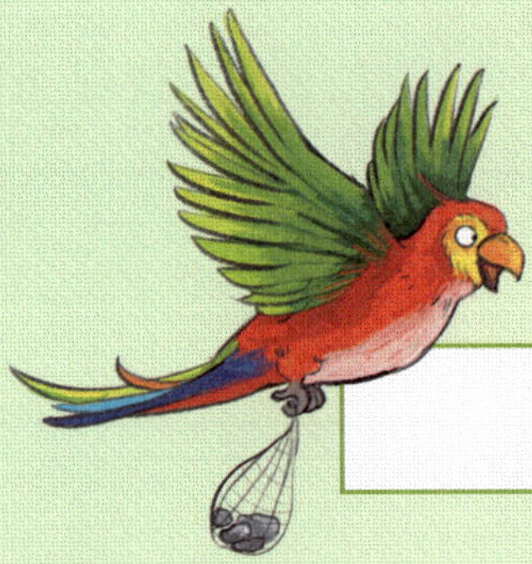

Stock Picknick Sack Rock

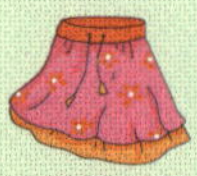

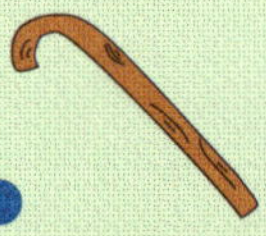

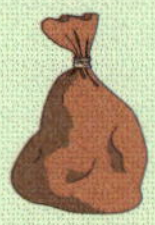

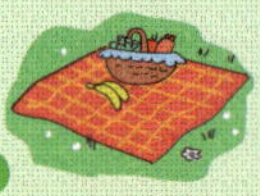

zu FS 84 – oben graue ck einmal nachspuren – Feld mit weiteren ck füllen
Mitte alle grauen Vorgaben nachspuren und Restzeilen entsprechend füllen
unten Wörter aus dem Kasten erlesen – abgebildete Begriffe vor den Zeilen benennen und die Wörter aus dem Kasten durch Abschreiben richtig zuordnen

Sack ck

1 Ergänze Reimwörter mit ck.

• der Rock

der St_ _

• das Stück

das Gl_ _

• der Dreck

der Fl_ _

2 Bilde die Mehrzahl.

der Block → die Blöcke

der Stock → die

der Rock → die

3 Eis ist immer lecker.

Mila schleckt Schokoeis.

Milo hat zwei Kugeln.

Er kleckert auf die Jacke.

Die ist nun dreckig.

ck  Sack

1 Ergänze Reimwörter mit ck.

packen

b_____

nicken

p_____

lecken

schm_____

kleckern

m_____

2 Kreuze an, was stimmt.

Mila trägt
- ○ eine schicke Jacke.
- ○ einen Rucksack.
- ○ einen neuen Rock.

Olli hockt
- ○ unter einer Decke.
- ○ in einer Hecke.
- ○ in einer Zahnlücke.

3 Schreibe eine richtige Aussage aus Aufgabe 2 auf.

zu FS 84 – 1. „Reimwörter finden": Begriffe über den Schreibzeilen erlesen und Reimwörter mit den vorgegebenen Graphemen am Wortanfang finden – Reimwörter unter die vorgegebenen Wörter schreiben
2. Satzanfang und Auswahlergänzungen erlesen – Abbildung daneben betrachten – jeweils zur Abbildung passende Satzergänzung ankreuzen
3. eine richtige Aussage aus Aufgabe 2 auswählen und abschreiben (LeMeSchKo)

ck

4 Welches Wort passt in welche Lücke?

| dick | glücklich | lecker | trocken | dreckig |

Die Torte schmeckt besonders _____ .

Olli kleckert und wird total _____ .

Ollis Bauch ist voll und ganz _____ .

Aber Olli ist _____ .

5

R o ck   J ck / a e   M ck / ü e

6 Trenne die Wörter mit einem Strich. Schreibe sie dann ab.

Jacke|RockMützeLücke

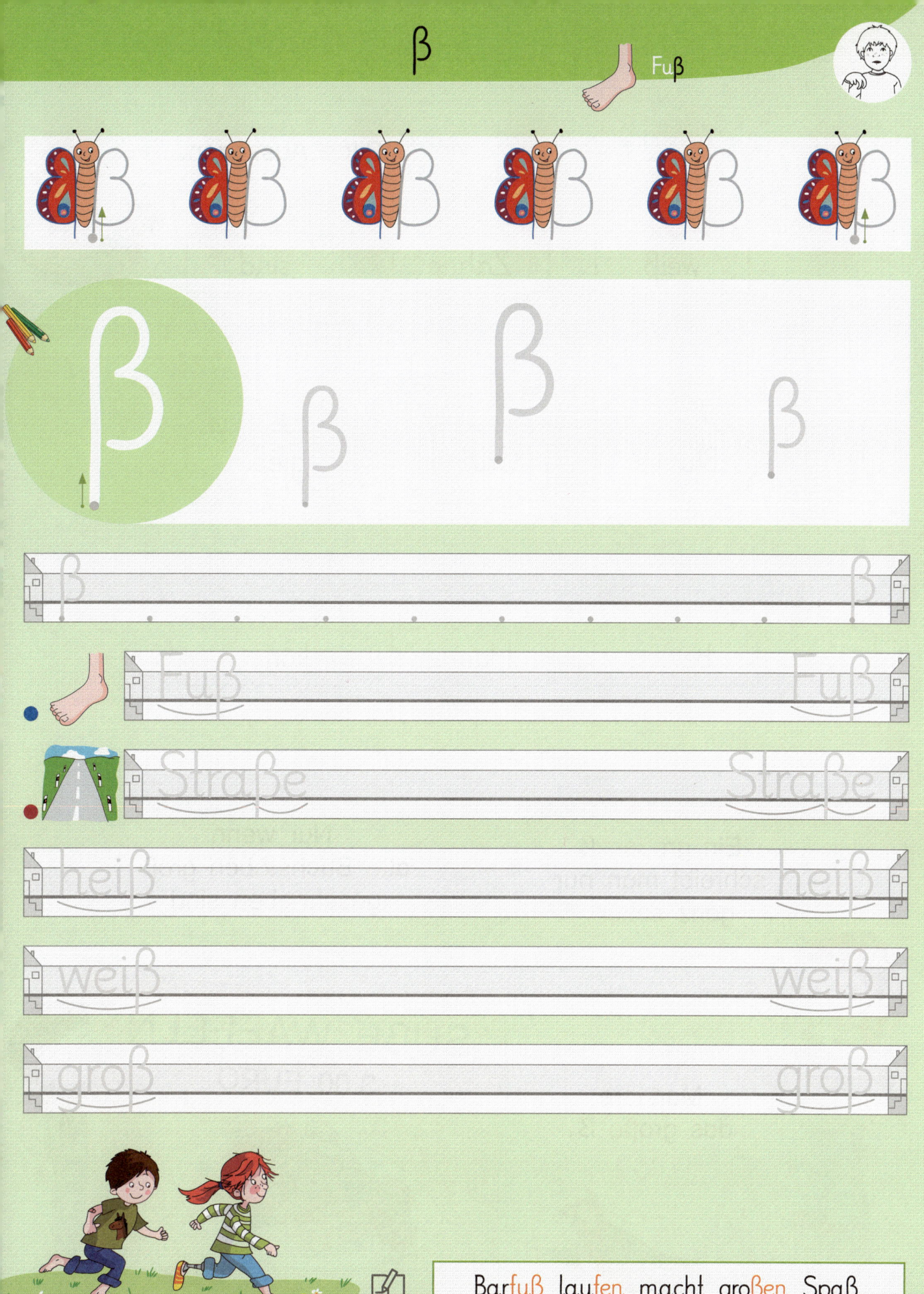

Fuß ß

Bilde Aussagen.

| weiß | Zähne | sind |

Zähne sind weiß.

| Blumen | Gärtner | gießen |

| beißen | Hunde | können |

Ein großes ß schreibt man nur ganz selten.

Nur wenn alle Buchstaben großgeschrieben sind.

Markiere das große ß.

SÜẞE WAFFELN
3,00 EURO

ß

 Fuß

1 Bilde die Einzahl.

• der Fuß • die Straße • ~~der Spieß~~

die Spieße   die Füße

der Spieß

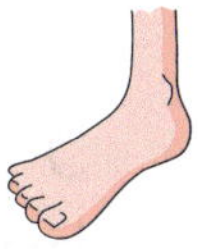

die Straßen

die Grüße
der Gruß

2 Welches Wort passt in welche Lücke?

heißt   große   ~~begrüßt~~   weiß

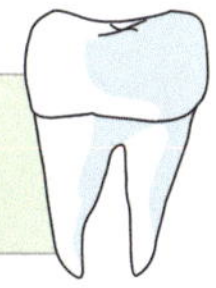

Eine Frau begrüßt die Kinder.

Die Frau _____ Nicki Süß.

Frau Süß _____ viel über Zähne.

Es gibt _____ und kleine Zähne.

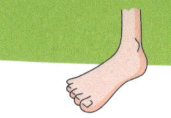 Fuß   ß

1 Bilde passende Wörter aus Silben.

| rei |
| schlie — ßen |

einen Rucksack

schlie

| grü |
| bei — ßen |

in eine Banane

---

2 Kreuze an und schreibe ab.

Die Schneidezähne

○ begrüßen den süßen Olli.

○ beißen große Stücke ab.

○ sind an den heißen Füßen.

Die Backenzähne

○ heißen auch Höhlenzähne.

○ reißen Stücke aus unseren Speisen heraus.

○ zerkauen fleißig unsere Speisen.

Pf pf

> Schrei**be** die Reim**paa**re un**ter**ei**nan**der ab.

| Knopf | Seil | Topf | Pfeil |

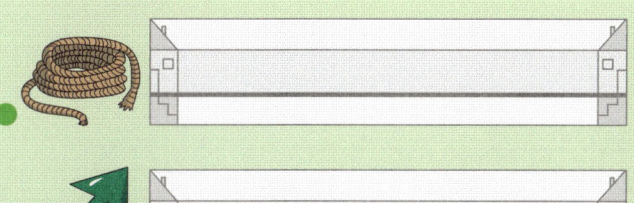

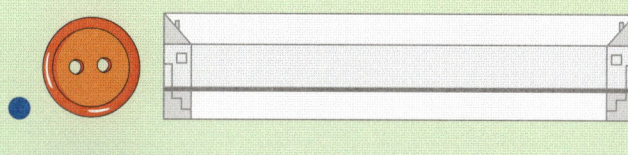

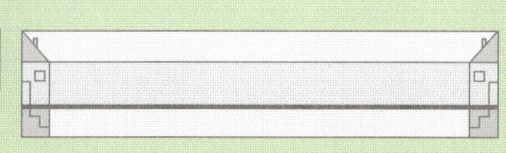

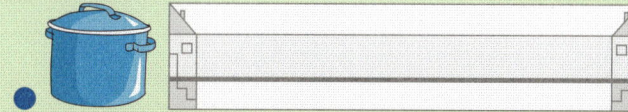

zu FS 86 – oben graue Pf und pf einmal nachspuren – Feld mit weiteren Pf und pf füllen
Mitte alle grauen Vorgaben nachspuren und Restzeilen entsprechend füllen
unten Wörter aus dem Kasten erlesen, abhören und Reimpaare ermitteln – passende Abbildungen vor den Zeilen suchen und die Reimwörter untereinander zu den Abbildungen schreiben

Pf pf

1 Kreise Pf und pf ein.

Kreuze an, was passt.

Der Hund

○ hat acht Pfoten.

○ frisst aus einem Napf.

Ein Mädchen pflückt

○ eine Pfanne vom Pflaumenbaum.

○ Pflaumen vom Pflaumenbaum.

---

2 Ordne die Wörter ein.

• der • die • das

• Kopf • Knopf • Pferd • Pfeil • Topf • Pfanne

Pf		pf

das Pferd

d

d

d

d

d

Pf pf

1 Kreise alle Pf und pf ein. Welches Wort passt?

| Pfoten | Knopf | Napf | Pfanne |

An der Hose ist ein _____ .

An der

Die _____ ist sehr heiß.

Der Hund hat vier _____ .

2

Z o pf

Pf e r d

A pf e l

3 Finde Reimwörter.

| Knopf | Tanne | Herd |

Katze tz

tz   tz   tz   tz   tz   tz

tz

Satz

Platz

Schatz

Spatz

Ordne jeden Satz einem Bild zu.

Plötzlich leuchtet ein Blitz auf.

Ben ist auf dem Spielplatz.

zu FS 87 – **oben** graue tz einmal nachspuren – Feld mit weiteren tz füllen
Mitte alle grauen Vorgaben nachspuren und Restzeilen entsprechend füllen
unten Sätze erlesen – abgebildete Begriffe vor den Zeilen benennen und die Sätze durch Abschreiben richtig zuordnen

Ollis Seite — **Sätze**

1 Lies jeden Satz laut. Achte auf deine Stimme.

- Hilfe, es brennt!
- Komm sofort her!
- Setz dich hin!

Ein solcher Satz heißt Ausrufesatz.
Er endet mit einem Ausrufezeichen: !

---

2 Lies jeden Satz.

Markiere: . blau   ? gelb   ! grün

> Lass den Spatz in Ruhe!
> Wann sind Ferien?
> Heute scheint die Sonne.

Schreibe hier den **Aussagesatz** ab.

Schreibe hier den **Fragesatz** ab.

Schreibe hier den **Ausrufesatz** ab.

tz

 Katze

1 Bilde Reimwörter mit tz.

- der Satz
- der Witz

  der Pl_____   der Bl_____

- der Spatz

  der Sch_____

2 Ergänze die richtigen Wörter.

Der erste Buchstabe im Satz ist immer groß.

| der Schatz | ~~der Witz~~ |

Der Witz war lustig.

_____ ist auf der Insel vergraben.

| der Blitz | der Spatz |

D_____ sitzt im Nest.

_____ leuchtet hell am Himmel.

55

Katze

tz

1 Was passt wohin?

Beginne immer mit einem großen Buchstaben.

| der Satz   das Kätzchen   das Rehkitz   der Platz |

Das _____ sitzt auf Omas Schoß.

D _____ ist einfach zu lesen.

_____ steht allein im Wald.

_____ ist voller Schmutz.

---

2 Zweimal würfeln, lesen und schreiben.

- ⚀ Fritz
- ⚁ Der Lehrer
- ⚂ Tante Ute
- ⚃ Der Dreckspatz
- ⚄ Moritz
- ⚅ Die Katze

sitzt

- ⚀ auf dem Fahrrad.
- ⚁ im Schmutz.
- ⚂ in der Pfütze.
- ⚃ auf dem Baum.
- ⚄ in der Mülltonne.
- ⚅ im Spatzennest.

zu FS 87 – 1. Auswahlwörter und Lückensätze erlesen – jeweils passendes Lückenwort ermitteln und mit Artikel in die Zeile schreiben – auf Großschreibung am Satzanfang achten – genutzte Wörter aus der Auswahl ausstreichen – *optional:* alle tz grün einkreisen
2. „Würfelsätze": Partnerspiel (beliebig oft zu wiederholen): erstes Kind erwürfelt Satzanfang aus dem linken Kasten, zweites Kind erwürfelt Satzergänzung – wiederholtes Erlesen des vollständigen Satzes zusammen mit dem Verb *sitzt* als Prädikat – *optional:* erwürfelte Sätze ins Heft schreiben

nk

 Schra**nk**

nk nk nk nk nk

nk .... nk

links .... links

dunkel .... dunkel

Onkel .... Onkel

Schrank .... Schrank

Schreibe alle Reimwörter untereinander ab.

| er denkt | sie trinkt |
| sie winkt | er lenkt |

er schenkt   sie blinkt

er .....   sie .....

er .....   sie .....

zu FS 88 – **oben** graue nk einmal nachspuren – Feld mit weiteren nk füllen
Mitte alle grauen Vorgaben nachspuren und Restzeilen entsprechend füllen
unten Verbformen im Kasten erlesen, abhören und Reimpaare ermitteln – passende Spalte darunter suchen – jeweils erstes Beispiel nachspuren und Reimwörter/Verbformen aus dem Kasten untereinander abschreiben

57

 **nk**

1 Immer zwei Wörter gehören zusammen.
Male sie mit der gleichen Farbe an.

er lenkt • der Dank krank

dankbar • die Krankheit • das Lenkrad

Kreise dann alle (nk) grün ein.

2 Schreibe hier nun die Wörter von oben ab.

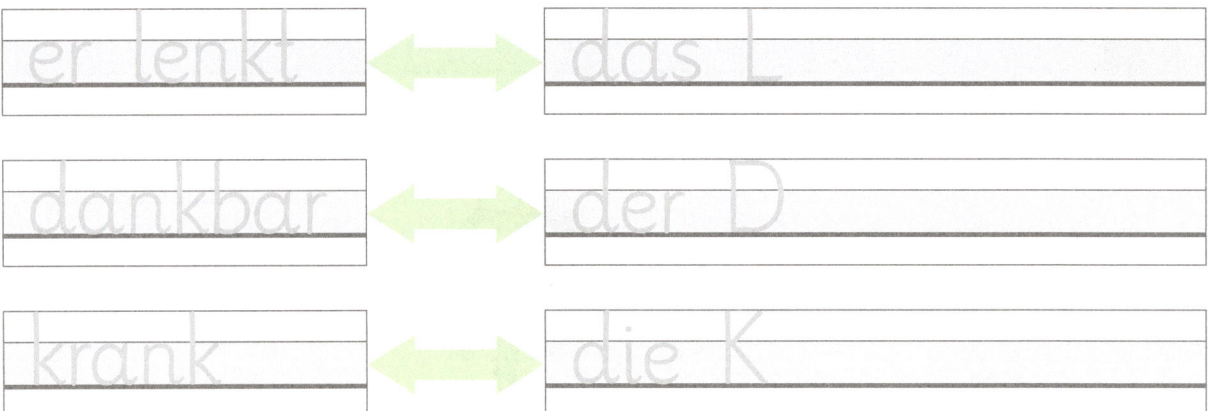

3

 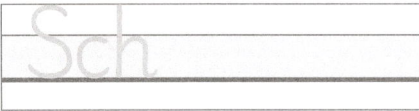 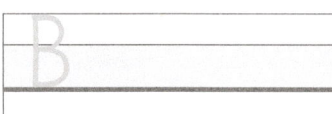

nk  Schrank

1 Kreise alle nk ein.
Sprich die Wörter.

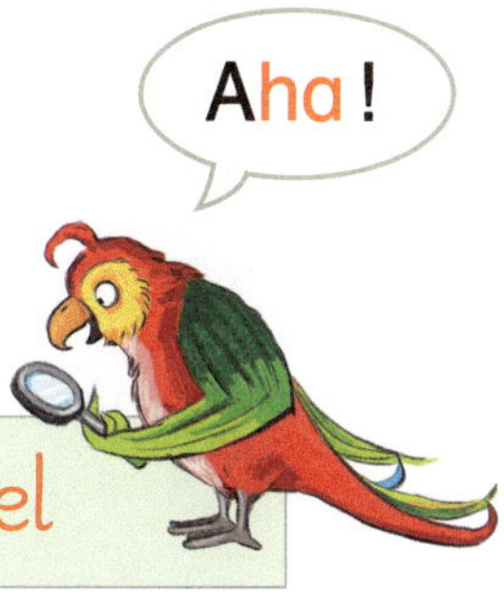

schlank   krank   links   dunkel

2 Schreibe immer das Gegenteil auf.
Schaue in Aufgabe 1 nach.

dick   gesund   rechts   hell

schlank

3 Welches Wort passt wohin?

denken – denkt   trinken – trinkt

Alle _____ heißen Tee.

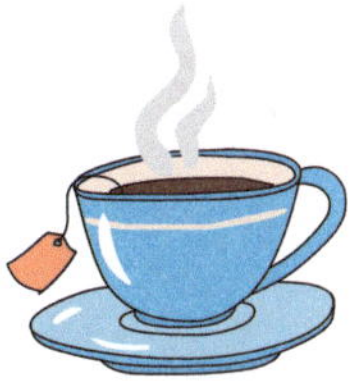

Aber Milo _____ ein Glas Milch.

Die Kinder _____ über ein Rätsel nach.

Nur Olli _____ an Nüsse.

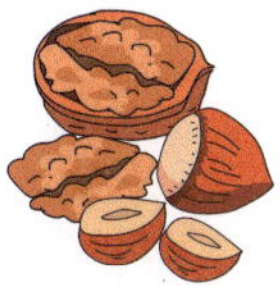

Ring ng

ng   ng   ng
ng   ng   ng

ng   ng

eng   eng

lang   lang

Junge   Junge

fangen   fangen

Was gehört zusammen?

er springt   er bringt   er singt

singen
er s

springen   bringen
er sp   er b

60 zu FS 89 – **oben** graue ng einmal nachspuren – Feld mit weiteren ng füllen
Mitte alle grauen Vorgaben nachspuren und Restzeilen entsprechend füllen
unten Verbformen (3. Person Singular) im Kasten erlesen – Infinitivformen der Verben erlesen – jeweils passende Personalform darunterschreiben

ng  Ring

1 Immer zwei Wörter gehören zusammen.
Male sie mit der gleichen Farbe an.

| sammeln | • die Hoffnung | • die Ordnung |

| ordnen | • die Sammlung | hoffen |

Kreise dann alle (ng) grün ein.

---

2 Schreibe hier nun die Wörter von oben ab.

sammeln ⟷ die Sammlung

ordnen ⟷ die

hoffen ⟷ die

---

3 Ring Engel Angel

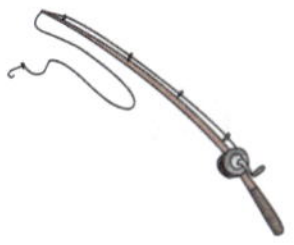

 ng

1 Kreise alle ng ein.
Sprich die Wörter.

jung   eng   langweilig   lang

2 Schreibe immer das Gegenteil auf.
Schaue in Aufgabe 1 nach.

breit   alt   kurz   spannend

eng

3 Welches Wort passt wohin?

singen – singt   springen – springt

Alle Kinder _____ über den Kasten.

Ela _____ besonders hoch.

Alle Schüler _____ ein lustiges Lied.

Olli _____ besonders laut.

chs  Fuchs

chs chs chs
chs chs

chs chs

6 sechs sechs

Fuchs Fuchs

Dachs Dachs

wachsen wachsen

Bilde Sätze.

| ein Fisch. | ist | Der Lachs |

| sind | aus Wachs. | Die Kerzen |

zu FS 92 – **oben** graue chs einmal nachspuren – Feld mit weiteren chs füllen
Mitte alle grauen Vorgaben nachspuren und Restzeilen entsprechend füllen
unten Satzfragmente oberhalb der Schreibzeilen erlesen – jeweils einen sinnvollen Satz daraus bilden und aufschreiben

chs

 Fuchs

1 Kreise alle chs ein.
Kreuze die richtige Zeile an.

Im Wald

○ leben der Löwe und der Elefant.

○ leben der Fuchs und der Dachs.

○ leben der Lachs und der Delfin.

Käfer

○ fressen viel Kerzenwachs.

○ lesen gerne Zeitung.

○ haben sechs Beine.

2 Schreibe die Wörter ab.

Wachs   Dachs   sechs

3

F u chs   W a chs   D a chs

chs

 Fuchs

1 Kreise alle chs ein. Ordne zu.

> Fuchs   Dachs   Ochse   Eidechse

2 Setze die Wörter passend ein.

> Dachs   Wachs   sechs   Fuchs   Lachs

Der _____ ist ein Fisch.

Kerzen werden aus _____ gemacht.

Der _____ hat ein schwarz-weißes Fell.

Der Hase rennt vor dem _____ davon.

Annas Würfel zeigt _____ Punkte.

3 Schreibe die Sätze aus Aufgabe 2 ins Heft ab.

zu FS 92 – 1. *Lautbild Fuchs* benennen und Klang des *chs* am Wortende analysieren – Tiernamen im Kasten erlesen und durch Abschreiben den passenden Abbildungen zuordnen
2. Auswahlwörter und Lückensätze erlesen – Lückensätze mit den passenden Wörtern ergänzen (LeMeSchKo) – benutzte Wörter im Kasten ausstreichen
3. vollständige Sätze aus Aufgabe 2 ins Heft abschreiben (LeMeSchKo)

65

Y y

 Yacht    Pyramide    Baby

1 Schreibe jedes Wort mit Artikel auf.

- Baby
- Pyramide
- Teddy
- Zylinder
- Pony
- Yacht

der T

die Y

das

2 Was ist richtig? Kreuze an.

◯ Das Pony ist ein kleines Pferd.

◯ Der Teddy ist ein Löwe aus Stoff.

◯ Der Zylinder gehört an die Füße.

◯ Das Baby muss Windeln tragen.

◯ Die Yacht ist ein teures Boot.

Y y

 Yacht  Pyramide  Baby

1 Wie klingt das Y y? Ordne zu.

Pyramide   Baby   Pony   Yacht   Teddy   Zylinder

Y y klingt wie i

Y y klingt wie ü

Y y klingt wie j

2 Löse das Rätsel. →↓

Finde das Lösungswort.

Schreibe hier alle Buchstaben groß.

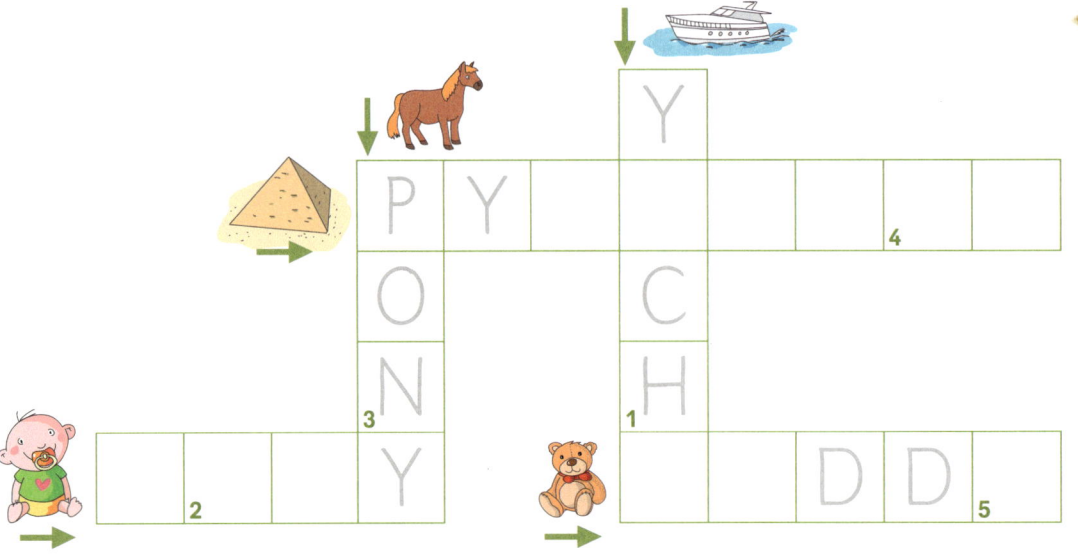

Lösungswort: H _ _ _ _
         1 2 3 4 5

Lösungswort: HANDY

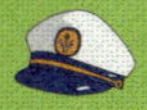

Äu äu

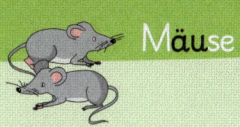

Mäuse

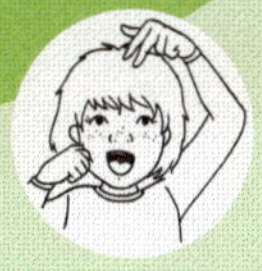

Äu äu Äu äu

Äu äu Äu äu

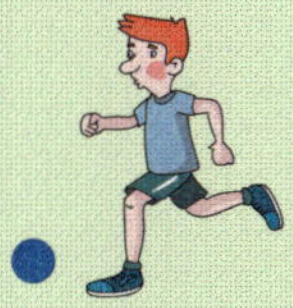

Läufer Läufer

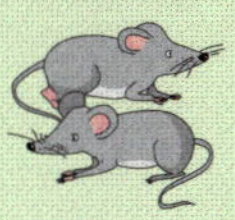

Mäuse Mäuse

träumen träumen

häufig häufig

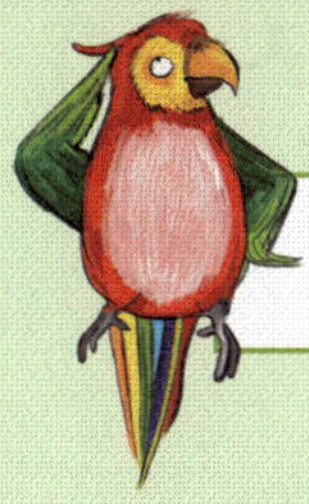

die Zäune die Häuser die Bäume

Einzahl	Mehrzahl
das Haus	die
der Baum	
der Zaun	

zu FS 94 – oben graue Äu und äu einmal nachspuren – Feld mit weiteren Äu und äu füllen
Mitte alle grauen Vorgaben nachspuren und Restzeilen entsprechend füllen
unten Mehrzahlformen im Kasten erlesen – Einzahlformen in der linken Spalte erlesen und nachspuren – Mehrzahlformen durch Abschreiben der passenden Einzahlform zuordnen

Äu äu

 Mäuse

1 Kreise zuerst alle Äu und äu ein.

Wie ist es bei dir? Kreuze an.

Ich räume

○ häufig mein Zimmer auf.

○ manchmal mein Zimmer auf.

○ nie mein Zimmer auf.

Ich träume

○ nie von Mäusen mit lila Äuglein.

○ oft von Häusern auf Bäumen.

○ gerne von _____ .

2 Wo fehlt hier etwas? Ergänze: Äu äu (7-mal).

Olli traumt haufig seltsame Sachen.

Olli macht seine Auglein zu.

Jetzt traumt er:

Rote Mause tanzen auf Baumen

und machen komische Gerausche.

Äu äu

1 Kreise zuerst alle Äu und äu ein.

Prüfe auf Fibelseite 94. Was ist richtig? Kreuze an.

○ Milo fährt mit dem Rollstuhl durch zwei Räume.

○ Hörgeräte helfen Äuglein, besser zu sehen.

○ Häufig bleibt Milo mit dem Rollstuhl hängen.

○ Olli tippt auf das Symbol „Mäuse".

○ Auf einer Säule steht: Technik hilft Läusen.

---

2 Bilde immer die Mehrzahl.

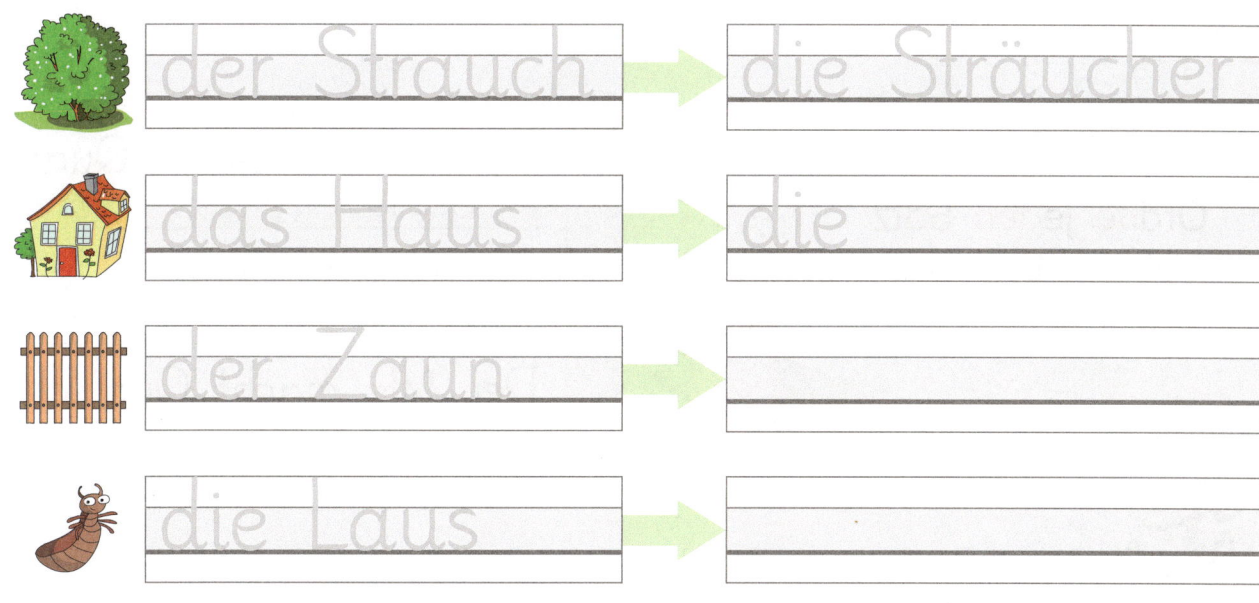

der Strauch → die Sträucher

das Haus → die

der Zaun →

die Laus →

---

3 Schreibe eine kleine Geschichte mit diesen Wörtern.

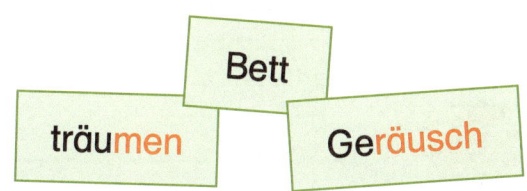

Bett, träumen, Geräusch

Qu qu

Qu Qu Qu Qu

Qu

• ☐ Quadrat Quadrat

• Qualm Qualm

• Qualle Qualle

Ordne jeden Satz einem Bild zu.

Die Kinder spielen Quartett.

Der Quark schmeckt lecker.

Der Affe macht Quatsch.

zu FS 95 – **oben** weißes Qu mit mehreren Farben nachspuren – graue Qu einmal nachspuren – Feld mit weiteren Qu füllen – Schreibansatzpunkte und Richtungspfeile beachten
Mitte alle grauen Vorgaben nachspuren und Restzeilen entsprechend füllen
unten Sätze erlesen – abgebildete Begriffe vor den Zeilen benennen und die Sätze durch Abschreiben richtig zuordnen

Qu qu

1 Kreise alle Qu und qu ein. Ordne dann zu.

2 Immer 2 Wörter gehören zusammen. Verbinde.

- Quatsch
quaken   quatschen

- Qualm
quaken   qualmen

- Quadrat
quadratisch   quer

3 Lies und schreibe richtig ins Heft ab.

Quirlige Quallen schwimmen quer durch die Quelle.

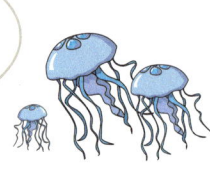

Qu qu

1 Würfelt einmal für 🎲 ...   ... und einmal für 🎲.

⚀ Das Quadrat	⚀ quietscht laut.
⚁ Die Verkäuferin	⚁ qualmt.
⚂ Das Quiz	⚂ ist quadratisch.
⚃ Das Aquarium	⚃ frisst Erdbeerquark.
⚄ Das Quartett	⚄ quasselt Unsinn.
⚅ Die Qualle	⚅ schmeckt lecker.

✏️ Schreibe Sätze ins Heft ab, die ihr gewürfelt habt. 🛟

---

2 Welches Wort passt wohin? 🛟

| quieken   quasseln   quaken   qualmen |

Feuer können _____ .

Frösche sitzen am Teich und _____ .

Papageien _____ viel Unsinn.

Schweine _____ im Stall.

X x  Taxi

1 Hexe   Taxi   Text   Mixer
Xylofon   Nixe

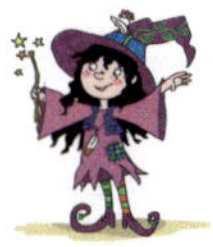

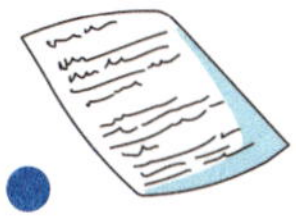

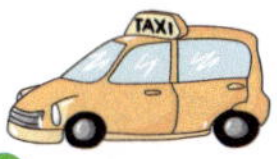

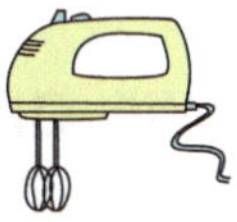

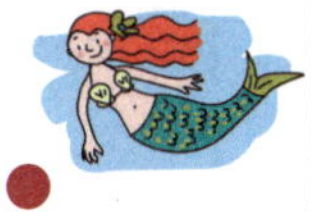

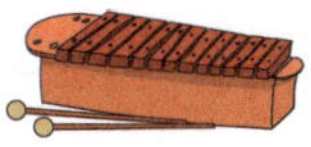

2 Schreibe zwei Wörter mit Artikel auf.

Nixe   Text   Xylofon

3
die Hexe → wir hexen

der Boxer → wir

der Mixer → wir

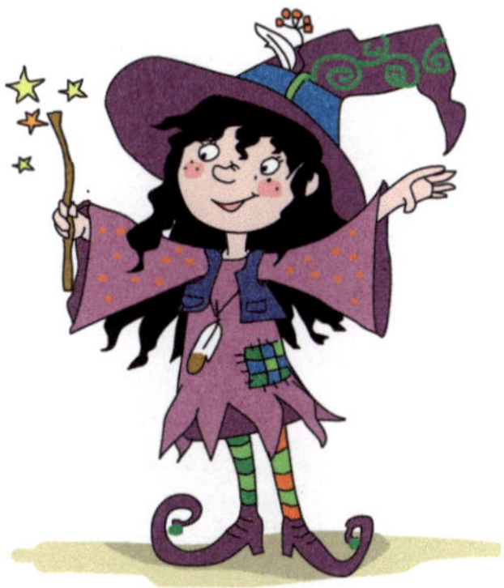

X x

Taxi

1 Ergänze die Einladung.

| Hexe | Fest | mixen | Eltern | Text | Nixensaft |

Liebe _____ ,

Am 10. Juli feiern wir am Bootshaus ein _____ .

Wir spielen ein Rollenspiel mit der _____ Trixi.

Wir grillen extralange Bratwürste.

Dazu _____ wir Getränke und _____ .

2 Setze die richtigen Satzzeichen ein: . oder ! oder ? .
Schreibe nur den Fragesatz ab.

Wer spielt auf dem Xylofon __

Das Instrument Xun klingt sehr schön __

Vorsicht, das Saxofon fällt um __

_____

Unsere Abenteuer mit Olli

Unser Lomi hat uns überall hingebracht.

1 Mila, Milo und Olli haben gemeinsam viel erlebt.
Könnt ihr erraten, wovon sie erzählen?
Ihr könnt auch in der Fibel nachschauen.

Verflixt nochmal! Plötzlich waren wir ganz klein.
Alle Tiere waren riesig, sogar die Bienen!
Zum Glück hat uns Milos Hund Fiete gefunden.

Wir waren unter dem _____

Könnt ihr euch noch an Biepe und Raune erinnern?
Dort waren wir in einer ganz anderen Welt.
Es gab fliegende Häuser und Lehrer, die mit seltsamen Zeichen rechneten.

Wir waren in der _____

Einmal landeten wir sogar in einer komischen Höhle.
Am Anfang dachten wir, es sei gefährlich.
Doch plötzlich tauchte Nicki Süß auf. Sie erklärte uns, wo wir waren. Dann hatten wir Spaß beim Klettern und Hüpfen.

Wir waren in einer _____

Lösungen: Zukunft   Küchenschrank   Mundhöhle

Inhaltsverzeichnis

- Ä ä schreiben 2
- Ä ä 3
- Ä ä 4
- Ü ü schreiben 5
- Ü ü 6
- Ü ü 7
- G g schreiben 8
- **Ollis Seite – Aussagen und Fragen** 10
- G g 11
- G g 12
- J j schreiben 14
- J j 15
- J j 16
- Sp sp schreiben 17
- Sp sp 19
- Sp sp 20
- St st schreiben 22
- St st 24
- St st 25
- C c schreiben 27
- C c 28
- C c 29
- Eu eu schreiben 30
- Eu eu 31
- Eu eu 32
- V v schreiben 34
- **Ollis Seite – Verben** 36
- V v 37
- V v 38
- ck schreiben 40
- ck 42
- ck 43
- ß schreiben 45
- ß 47
- ß 48
- Pf pf schreiben 49
- Pf pf 50
- Pf pf 51
- tz schreiben 52
- **Ollis Seite – Sätze** 54
- tz 55
- tz 56
- nk schreiben 57
- nk 58
- nk 59
- ng schreiben 60
- ng 61
- ng 62
- chs schreiben 63
- chs 64
- chs 65
- Y y schreiben 66
- Y y 67
- Y y 68
- Äu äu schreiben 69
- Äu äu 70
- Äu äu 71
- Qu qu schreiben 72
- Qu qu 74
- Qu qu 75
- X x schreiben 76
- X x 77
- X x 78
- **Unsere Abenteuer mit Olli** 79